KB242118

꿈을 묻는 10대에게

꿈을 묻는 10대에게

초판 1쇄 펴낸날 | 2013년 02월 15일
지은이 | 김승연, 유길문

펴낸이 | 이종근
펴낸곳 | 도서출판 하늘아래
등록번호 | 제 300-2006-23호
주소 | 서울특별시 도봉구 쌍문2동 598번지 2층
전화 | 02-374-3531
팩스 | 02-374-3532
이메일 | haneulbook@naver.com

ISBN 978-89-89897-77-4 43190

※ 잘못 만들어진 책은 바꾸어 드립니다.

꿈을 묻는 10대에게

글 김송연 · 문금유

머리말

꿈은 반드시 이루어진다. 소중한 꿈을 내가 잊어버리지 않는다면.

젖 먹던 힘까지 내서 한 걸음 더 가보는 거다.
정말 그만 하고 싶을 때 한 번 더 해보는 거다.
딱 한 번만 더 두드려 보는 거다.
집주인이 문 뒤에서 빗장을 열려던 참인데 포기하고 돌아선다면
너무나 아까운 일 아닌가. 그러니 내가 이렇게 말할 수밖에.
'두드려라. 열릴 때까지!'

청소년들이 가장 존경하는 인물 중의 하나인 한비야의 '그건 사랑이었네'
에 나오는 내용이다.
꿈을 가지면 한 걸음 더 갈 수 있다.
꿈을 가지면 한 번 더 두드릴 수 있다.
꿈을 가지면 포기하지 않고 전진할 수 있다.
꿈은 신비롭다.
꿈은 신선하다.
꿈을 꾼다는 것은 젊다는 것이며 살아있다는 증거이다. 꿈은 한마디로 인
생의 등불이자 나침반이다. 왜냐하면 꿈을 꾸면 행복해지고 나를 행동하도
록 이끌기 때문이다. 박지성, 박태환, 반기문, 김연아, 손연재 등을 보라! 그
들이 꿈의 위력을 증명해 보이고 있지 않는가?
그러므로 꿈은 한마디로 우리 인생의 가장 소중한 보물인 것이다.

이 책을 쓴 목적은 하나다.

꿈을 꾸라는 것이다. 꿈을 꾸는 데서 멈추지 말고 꿈을 항상 가슴에 간직하고 다니라는 것이다. 꿈을 잊지 않도록 꿈이 달아나지 않도록 가슴에 항상 품고 있어야 한다는 것이다. 꿈이 선명하고 생생할수록 행동할 수 있는 힘이 생기는 것이다.

이 책은 꿈을 찾고, 꿈을 그리고, 꿈을 이루기 위해 행동하길 바라는 10대들을 위한 책이다.

요즘 10대들에게는 꿈이 없다. 왜냐하면 꿈을 발견할 시간이 없을 정도로 바쁘기 때문이다. 학교 공부하랴 학원 다니랴 도통 너무 바쁜 스케줄로 이어지기 때문이다.

10대들이여, 꿈을 꾸어라!

10대들이여, 꿈을 찾고 발견하는 작업을 지속하라!

10대들이여, 꿈을 찾는 데 그치지 말고 생생하고 선명하게 칼라로 꿈을 그려라!

그리고 그 소중하고 진귀한 꿈을 가슴에 품고 다녀라!

이 책을 읽으면 길이 보일 것이다. 이 책을 읽으면 희망이 생길 것이다. 왜냐하면 꿈을 갖게 될 테니까. 많은 꿈을 성취한 많은 사람들의 진솔한 이야기가 그대들에게 꿈을 갖는 방법을 지속적으로 이야기할 테니까.

이 책을 효과적으로 읽는 방법은 간단하다.

책을 읽으며 성공한 사람들의 발자취를 따라가보라. 그들이 어떻게 꿈을 가지게 되었는지 그들이 꿈을 성취하기 위해서 어떻게 행동했는지를 묵상해보라.

이 책이 10대들이 꿈을 갖는 초석이 될 수 있기를 희망한다. 이 책이 10대들이 꿈을 가지고 꿈을 성취할 수 있는 계기가 되길 희망한다.

저자 김승연, 유길문

차례

Etude de Point de Croix.

꿈에 묻다

너만의 꿈을 그려라

★ ★ ★ 1963년 8월 28일, 워싱턴의 링컨기념관 광장에 흑인뿐만 아니라 백인들도 포함된 25만여 명의 군중이 모였다. 그리고 이 날, 25만여 명의 군중을 넘어 미국 전역에, 그리고 전 세계에 꿈을 심어준 연설이 시작되었다.

"나에게는 꿈이 있습니다. 조지아 주의 붉은 언덕에서 노예의 후손들과 노예 주인의 후손들이 형제처럼 손을 맞잡고 나란히 식탁에 마주 앉게 되는 꿈입니다. 내 아이들이 피부색을 기준으로 사람을 평가하지 않고 인격을 기준으로 사람을 평가하는 나라에서 살게 되는 꿈입니다."

이 연설의 주인공은 '마틴 루서 킹', 미국의 침례교회 목사이자 흑인해방운동가이다. 1964년 노벨평화상을 받은 마틴 루서 킹 목사는 비폭력 무저항운동을 통해 인류화합을 도모한 흑인 인권운동가이자 사상가로 몸소 사랑의 실천을 보여주었다.

사실 마틴 루서 킹 목사에겐 어릴 때부터 꿈이 있었다. 중·고등학교 때에 공부를 아주 잘해 일찍 대학에 입학할 수 있었다. 그때 나이가 열다섯 살이었다. 그는 대학교 시절에 인생에 있어서 앞으로 나아가야 할 방향을 가르쳐준 은사 메이즈 선생님을 만나게 되었다.

어느 날 메이즈 선생님이 마틴 루서 킹에게 물었다.

"킹, 너의 꿈은 뭐니?"

대학생인 마틴 루서 킹은 머리를 긁적이며 조심스럽게 말을 꺼냈다.

"저는 명확하지는 않지만 마음속으로 품고 있는 꿈이 있어요. 이 세상에 살고 있는 흑인들이 백인들처럼 인간답게 사는 세상을 만드는 거예요."

메이즈 선생님은 머뭇거림 없이 바로 답했다.

"킹, 아주 훌륭한 생각이구나."

그렇다. 마틴 루서 킹은 인간은 흑인이건 백인이건 인간으로서 존중 받고 인간답게 살 권리가 있다고 생각했다. 그러나 현실은 그렇지 않았다. 백인들은 흑인들을 여전히 자신들의 노예로 여겼다. 그런 차별과 멸시의 광경을 여러 차례 목격하면서 마틴 루서 킹은 꿈을 갖게 된 것이다.

마틴 루서 킹 목사가 연설하기 100년 전, 링컨 대통령은 흑인 노예 해방을 선언했다. 흑인 차별을 철폐한 것이다. 하지만 현실은 피부색이 검다는 이유로 차별과 멸시를 받으며 심한 고통을 받고 있었다. 단지 얼굴색이 검다는 이유로 인간적인 대우를 받지 못했던 것이다. 심지어 애완견보다도 못한 대우를 받고 있었다. 정말 어려움과 절망감 속에서 지내고 있었던 것이다. 이겨낼 수 없는 좌절감 속에서 마틴 루서 킹은 꿈을 품게 되었다.

이번 연설회는 정말 중요했다. 케네디 대통령이 흑인이건 백인이건 미국 국민이라면 누구에게나 차별이 없어야 한다는 법안을 의회에 보낸 시점이었다. 이 법안이 실제적으로 실행이 되려면 꼭 의회에서 통과가 되어야 했다. 이번 연설회를 통해서 의회에 뜻을 전달하는 데 성공해야 했다. 그런 간절함이 있었다.

그의 꿈은 언젠가는 주인의 자손들과 노예의 자손들이 다 함께 사랑을 느끼며 사는 나라가 되는 것이었다. 피부색으로 사람을 평가하는 것이 아니라 능력과 자질로 평가받는 세상이 현실이 되는 희망이었다.

25만여 명 앞에서 I have a Dream을 부르짖을 때, 마틴 루서 킹의 꿈이 바로 그 자리에서 이루어지는 것만 같았다. 이 연설에 감동받은 많은 청중들이 눈물을 흘렸고 우레와 같은 박수와 환호

성을 쏟아냈다. 그가 간절히 바랐던 이 꿈은 단지 그만의 꿈으로 끝나지 않았다. 차별받던 모든 흑인들의 희망이 되었고 모두의 감동이 되었다.

그 연설 후 45년이 지난 뒤인 2008년 12월, 흑인인 오바마가 대통령으로 당선됨으로써 그의 꿈이 이루어졌으니 꿈이란 얼마나 대단한 것인가.

내가 지인도 없이 10년 동안의 일본 생활을 성공적으로 마칠 수 있었던 가장 큰 원동력은 꿈이 있었기 때문이었다. 지금은 고향 전주에서 열정적으로 바리스타학원과 실행 아카데미를 운영하고 있다.

나는 수강하고 있는 10대들에게 항상 '여러분의 꿈은 무엇입니까?'라고 질문을 던졌다. 이 질문에 바로 꿈이 있다고 대답하던 10대들은 꿈을 갖고 있지 않은 사람들과 비교해 볼 때 활기차고 밝았다.

꿈의 내용이나 크기는 문제가 되지 않는다. 꿈이라는 것은 그 꿈을 갖고 있다는 자체가 중요하다. 꿈은 그렇게 간단히 이루어지지 않는다. 그렇기 때문에 어릴 때 꿈을 갖고 있던 사람도 어른이 되면 그 꿈을 잊어버리는 경우가 많다.

하지만 자신의 일에서 최고가 된 사람들은 꿈이 있었다. 하나같이 반드시 이루고 싶은 꿈이 있었기에 자신이 가진 재능을 발휘할 수 있었다. 시련과 역경이 닥치더라도 그 장애물을 넘을 수 있게 해주는 것이 바로 꿈이 가진 힘이다. 그리고 꿈에는 반드시 성취하고자 하는 확고한 의지와 결심이 깃들어 있어야 진짜 꿈이라고 할 수 있다.

꿈을 갖는 것은 아주 중요하다. 여러 언론이나 책을 통해 어려운 환경에서도 꿈을 갖고 그 꿈을 향해 매진한 결과 어려운 환경을 극복한 사람들을 우리는 많이 접할 수 있다. 그만큼 꿈의 힘은 실로 위대하다.

꿈을 꾸는 것이 얼마나 강력한 힘을 발휘하는지 구체적인 사례를 통해서 알아보자.

국제구호개발기구 월드비전 긴급구호팀 팀장에서 국내 최고 여성 작가로 변신한 한비야. 오늘날의 그녀는 어떻게 만들어진 것일까?

한비야는 대학을 졸업하고 미국의 유타대학에서 국제홍보학을 공부했다. 그녀는 35세에 잘 나가던 국제홍보회사를 그만두고 7년간의 세계 여행길에 올랐다. 10대 시절에 19세기를 대표하는 위대한 프랑스 작가인 쥘 베른의 《80일간의 세계일주》를 읽고 세계일주의 꿈을 실현하기 위해서였다. 그녀는 비행기를 거의 이용하지 않고 육로로만 오지를 찾아 여행했다. 편안하고 안락한 여행을 거부한 것이다. 주위 사람들은 지금도 남부러울 것 없이 잘 살고 있는데 왜 사서 고생하느냐며 강하게 만류했다.

그녀는 여행 중에 국경을 넘으며 경험한 여러 사건들과 아프가니스탄에서의 위험했던 순간들을 생생하게 묘사해서 수많은 독자들을 매료시켰다. 뿐만 아니라 피와 땀, 눈물이 고스란히 담겨 있는 《바람의 딸, 걸어서 지구 세 바퀴 반》이라는 여행 도서를 출간했다. 이 책은 출간되자마자 폭발적인 인기를 끌었고 '한비야'라는 이름을 세상에 알릴 수 있었다. 그리고 거기서 머뭇거리지 않았다. 전부터 자신이 하고 싶었던 국제구호개발기구 월드비전에서 긴급구호요원으로 일하게 되었다. 이 일을 하기로 결정한 직후 한 대학생이 물었다.

"재미있는 세계 여행이나 계속하지, 왜 힘든 긴급구호를 하세요?"

한비야는 그 대학생을 따뜻한 눈으로 바라보며 이렇게 답했다.

"이 일이 내 가슴을 뛰게 하고, 내 피를 끓게 만들기 때문이죠."

긴급구호요원은 한비야에게는 무척이나 가슴을 뛰게 하는 일이었다.

한비야는 긴급구호 시절을 《지구 밖으로 행군하라》에서 이렇게 회상했다.

"내 안의 내가 다시 묻는다. '왜 계속하고 싶은 건데?' 답은 아주 간단하다. 이 일이 내 가슴을 뛰게 하기 때문이다. 내 피를 끓게 하기 때문이다. 참말이지 5년 동안 해왔지만 지금도 '긴급구호'라는 말만 들어도 몸이 뜨거워지고 마음은 어느덧 현장에 가 있다. 이 견딜 수 없는 뜨거움, 이 마음이 식기 전에는 긴급구호를 그만둘 수가 없다. 마음이 온통 여기에 있는데 무슨 다른 일을 할 수 있을까.”

자신이 꿈꾸었던 일을 하는 것이 가장 행복하다는 것이다. 한비야도 힘들고 어려웠던 시기를 보내야 했다. 하지만 그때마다 꿈이 그녀에게 용기를 불어넣어서 다시 일으켜 세웠다. 그녀는 진정으로 원하는 꿈을 설정하면 그에 맞는 용기도 생긴다고 말한다. 꿈은 마음속 깊은 곳에서부터 파워를 이끌어내는 원천이 된다. 꿈을 버리는 것은 파워를 잃어버리는 것과 같다.

이제는 무슨 일이든 한 가지 꿈에 미쳐서 그 분야의 최고 전문가가 되어야 한다. 어떤 일에든 열정을 쏟아야 할 10대에 세월을 무의미하게 흘려보내서는 안 된다. 아직 자신이 하는 일의 목적을 꿰뚫지 못했다면 지금 자신이 하고 있는 일에 몰입해 신념과 열정을 불태워보라. 그러면 앞으로 해야 할 그 무엇인가가 보일 것이다.

꿈을 가지면 강력한 동기가 생긴다. 변화를 꿈꾼다면 20대가 되기 전에 해야 한다. 가능하면 한 살이라도 젊었을 때 자신이 가야 할 길을 정하고 혼신의 힘을 다하는 것이 바람직하다.

어떤 분야든 일가를 이룬 사람들은 ‘저 사람 제정신이 아니군’이라는 소리를 들을 만큼 무언가에 미쳐 있었다. 그들은 늘 자신이 해야 할 일을 정확히 알고 일에 대한 열정과 사랑이 남달랐기 때문에 성공의 자리에 오른 것이다. 미칠 만한 대상은 도처에 널려 있다. 문제는 미칠 대상을 현명하게 선택해야 한다는 것이다. 자신의 모든 것을 거침없이 던질 수 있는 일을 정하기 위해서는 미칠 대상에 대해 마치 송곳처럼 집중적으로 파고들어 치밀하게 연구해야 한다.

정말 자신의 일에서 성공한 사람들은 꿈을 가질 것을 강조한다. 자신의 꿈에 매진했고 자신의 전부를 걸었다. 그 결과 간절히 원했던 꿈을, 성공을 이루어냈던 것이다. 주위 사람들이 아무리 비난하면서 부정적인 말을 던지고 앞을 가로막더라도 아랑곳하지 않았다.

성공한 사람들의 성공 비결은 많다. 하지만 그 가운데 가장 중요한 것은 자신이 진정으로 원하는 꿈을 설정하고 피나는 노력을 기울였다는 것이다. 스포츠 선수가 올림픽에 나가서 금메달을 따기 위해 전략을 세워 죽을힘을 다해 훈련하는 것과 같은 맥락이다. 성공으로 이르는 길에 지름길이란 있을 수 없다. 오로지 꿈을 향한 강한 집념으로 매진하는 수밖에 없다.

지금부터 자신의 진짜 인생을 위해 꿈을 가지자. 그리고 그 꿈을 향해 전심전력으로 질주하자.

원대한 꿈에 묻다

★ ★ ★ 성공철학의 대가 지그 지글러가 말했다.

"목표는 커야 한다. 작은 목표는 작은 성취감만 느끼게 할 뿐이다. 목표가 커야 성취감도 크고 자신의 능력을 극대화시킬 수 있다."

성공의 크기는 꿈의 크기와 정비례한다. 크게 성공한 사람은 큰 꿈을 가지고 그에 맞는 목표를 세웠다. 그리고 목표를 달성해 결국 원하는 꿈을 이루었다.

사람은 꿈의 크기만큼 살아간다. 나는 이런 사람이 될 것이고 반드시 그 꿈을 이룰 것이라고 선포하고 꿈을 이룬 모습을 그리면 자기도 모르게 엄청난 일이 일어난다. 꿈과 목표가 크면 달성하려는 의지도 높다. 하지만 그때 바로 실천하지 않으면 곧바로 의욕이 상실된다.

실천으로 옮기기 위해서라도 구체적인 계획을 세우지 않으면 안 된다. 꿈은 크게 갖되 작은 것부터 실천해야만 한다. 큰 꿈을 이루기 위해서는 구체적인 계획을 세워 그것을 착실하게 하나하나 행동으로 옮기는 것이 매우 중요하다. '언젠가는 반드시 이루어지겠지' 라는 의욕만으로는 꿈은 이루어지지 않는다.

미국의 첫 흑인 대통령 버락 오바마. 그가 인도네시아 자카르타에 있는 한 초등학교에 다니던 시절의 이야기다.

작문시간에 선생님이 아이들에게 꿈에 대해 발표하도록 했다. 아이들은 한 사람씩 꿈에 대해 발표하기 시작했다. 대부분 사업가, 과학자, 의사, 선생님, 기술자가 되는 것이 꿈이라고 말했다. 그리고 오바마가 발표할 차례가 되었다. 오바마는 아이들 앞에서 자신 있게 '제 꿈은 미국의 대통령입니다' 라고 말했다.

그 순간 다른 아이들이 키득키득 웃으며 놀리기 시작했다.

"백인만 미국 대통령이 될 수 있어, 어떻게 흑인인 네가 미국의 대통령이 될 수 있다는 거야?"

교실 안이 소란스러워졌다. 아이들은 오바마를 보며 수군거렸다. 하지만 오바마는 전혀 기죽지 않았다. 그동안 성공한 사람들의 책을 읽으며 꿈은 꾸는 자의 것이고 반드시 이루어진다는 것을 믿었기 때문이다.

미국에서 오바마가 첫 흑인 대통령이 될 수 있었던 것은 '나는 된다. 나는 할 수 있다'라는 생각으로 꿈에 도전했기 때문이다. 다른 사람들이 보기에는 허황된 꿈이었을지 몰라도 오바마에게는 절박한 꿈이었다. 그는 항상 자신의 꿈과 목표를 잊지 않고 도전했다. 그가 시카고에서 공동체 조직가로 활동한 것도 흑인의 인권과 가난하고 소외된 사람들을 돕기 위해서였다. 그것이 바로 자신의 꿈이었던 것이다.

한시도 자신의 꿈을 의심해본 적이 없는 오바마. 그의 꿈은 그를 일리노이 주 상원의원 선거에 출마하게 했다. 그리고 당선되었다. 시간이 흐르면서 더 큰 꿈을 품은 오바마는 자신의 꿈을 제대로 펼치기 위해 연방상원의원에 도전장을 내밀었다. 이번에도 긍정적인 착각은 오바마를 승리로 이끌었다. 이처럼 '나는 된다'는 긍정적인 착각은 꿈을 현실로 만드는 위대한 힘을 가지고 있다. 지금의 모습보다 더 나은 모습으로 살기 위해서는 원대하고 큰 꿈을 가져야 한다.

꿈의 크기가 성공의 크기를 결정한다.

우리에게 한계란 있을까? 한계는 누가 정하는 것일까, 내가 스스로 정한 것은 아닐까? 스스로 겸손한 척하며 꿈의 크기를 과소평가하지 말자. 우리에게 숨어있는 무궁무진한 잠재능력과 가능성을 확신하자.

꿈을 크게 가지고 지속적으로 그 꿈을 이루기 위해서 노력한 주인공을 한 번 더 살펴보자.

1962년 여름, 케네디 대통령은 백악관에서 '미국에 온 것을 환영하며 적십자의 정신으로 각 나라의 발전을 위해 노력합시다'라는 내용의 짧은 연설을 했다. 케네디 대통령은 연설을 마치고 연단 앞으로 나와 몇몇 학생들과 악수를 나누었다. 그리고선 학생들 중 훤칠한 키에 다소 싱거워 보이는 인상을 한 동양인 소년에게 꿈이 무엇이냐고 물었다.

"제 꿈은 외교관입니다."

소년은 망설임 없이 당당하게 대답했다. 소년의 대답을 듣고 케네디 대통령은 빙그레 웃으며 자리를 떠났다. 그 대답을 한 동양인 소년은 반기문 제8대 유엔 사무총장이었다.

충주의 시골학교에서 혼자 영어공부를 해 미국 케네디 대통령과도 대화가 되었던 반기문 총장의 학생시절 이야기다. 시골학교 시절부터 외교관의 꿈을 가슴속에 품어오던 한 학생이 50년이 지난 후 세계 대통령이 된 것이다. 학생이었던 반기문 총장은 '제 꿈은 외교관입니다'라고 답하는 순간 무엇인가가 선명하고 명확하게 그려지는 기분이었다고 한다. 충주 시골 청년이 미국의 케네디 대통령 앞에서 당당하게 답하는 모습은 얼마나 대단한가.

큰 꿈을 갖고 있는 사람은 마음속 깊은 곳에 항상 자신감이 있다. 때문에 누가 물어도 자신 있게 답을 할 수 있는 것이다.

그 후 반기문 총장은 자신의 원대한 꿈대로 서울대 외교학과를 졸업하고 외무고시에 합격했다. 열정적인 대한민국 외교관으로 일하다 2004년에는 외교통상부 장관을 맡게 되었다.

자신이 하고 싶은 일, 자신이 가장 잘할 수 있는 일을 하면 즐거움도 느낄 수 있게 된다. 그것을 하면서 무엇이 되겠다는 꿈도 자연스럽게 만나게 된다. 반기문 총장도 어릴 때부터 책을 좋아하고 영어공부에 빠졌다. 그러면서 외교관이 되려는 꿈을 키우게 된 것이다. 영어공부를 신바람 나게 하고 있었기 때문에 미래에 세계의 대통령이 되겠다는 큰 사명을 받게 된 것이다.

큰 꿈을 가지고 그 꿈이 이루어지는 모습을 생생하게 칼라로 그리는 것이 중요하다. 그리고 큰 꿈을 이루고 싶다는 강한 욕망이 있어야만 된다. 작은 꿈을 꾸면 의욕도 크게 생기지 않는다. 또한 그 꿈을 쉽게 이루면 그만큼 성취감도 적을 것이다.

즉, 꿈은 크게 잡고 그 꿈이 이루어졌을 때 기뻐하는 모습을 끊임없이 상상하라. 그런 즐거운 기분을 잠재의식에 끊임없이 주입시켜 그것이 꿈과 현실을 잇는 가교역할을 하게 만들어야 한다. 자신의 모든 의지를 불태울 때 최선을 다할 수 있고 그렇게 노력을 다할 때 비로소 열정도 생긴다. 결국 큰 꿈을 가지고 있을 때만 그런 의지와 열정이 샘솟는 것이다.

그런 의미에서 일본 광고회사 성장 비결의 10원칙은 우리에게 많은 것을 생각하게 한다.

일본 최대 광고회사 덴츠의 10원칙

원칙 1. 일은 스스로 만드는 것이지 주어지는 것이 아니다.

원칙 2. 먼저 선수를 쳐라. 수동적으로 하지 마라.

원칙 3. 큰일을 하라. 작은 일은 자신을 작게 만든다.

원칙 4. 어려운 일을 목표로 삼아라. 그래야 발전이 있다.

원칙 5. 일단 시작하면 놓지 마라. 완수할 때까지 죽어도 놓아선 안 된다.

원칙 6. 주위 사람을 이끌어라. 이끄는 것과 끌려가는 것은 하늘과 땅 차이다.

원칙 7. 계획을 세워라. 장기 계획을 세우면 인내와 지혜, 노력과 희망이 생긴다.

원칙 8. 자신을 가져라. 자신이 없으면 박력과 끈기, 깊이가 모두 사라진다.

원칙 9. 늘 깨어 있는 머리로 다방면에 신경 쓰고 한 치의 틈도 보이지 마라.

원칙 10. 마찰을 두려워 마라. 마찰은 진보의 어머니이며 적극성의 비료다. 마찰을 두려워하면 비굴하고 미련한 사람이 된다.

꿈은 특별한 힘을 발휘할 수 있게 해준다

대부분의 사람들은 아는 것이 많아야 성공할 수 있다고 믿는다. 그러나 무조건 지식만 많다고 성공할 수는 없다. 자신이 알고 있는 지식을 어떻게 실제 삶이나 비즈니스에 적용하고 활용하느냐가 더 중요하다. 과거에도 지금도 성공을 이룰 수 있는 기초는 지식이 아니라 구체적인 목표와 꿈, 끊임없는 도전정신이다.

성공학의 거장 나폴레온 힐은 14년 동안 1만 6,000명 이상의 사람들을 조사, 분석했다. 그 과정에서 그는 매우 흥미로운 사실들을 발견했다. 그가 분석한 대상 1만 6,000명 중 95%가 실패자였고, 단지 5%만이 성공한 사람들이었다.

가장 놀라운 사실은 실패자로 분류된 95%에게는 명확한 인생 목표가 없었다는 것이다. 성공한 5%만이 명확한 목표를 세웠을 뿐만 아니라 그들은 자신들의 목표를 이루기 위한 세밀한 계획까지 가지고 있었다.

이 분석에서 우리가 눈여겨보아야 할 것이 있다. 실패한 사람들은 자신이 좋아하지 않는 일을 하고 있었지만, 성공한 사람들은 진정으로 자신이 좋아하는 일을 하고 있었다는 것이다.

목표는 구체적이어야 한다. 햇살 아래 돋보기를 들고 신문지에 초점을 맞추면 금방 연기를 내며 타들어간다. 하지만 초점이 맞지 않으면 아무리 오래 돋보기를 대고 있어도 그대로이다. 정확하고 구체적인 목표란 이처럼 하고자 하는 일에 초점을 맞추는 작업이다. 애매모호한 목표는 애매모호한 결과를 도출할 수밖에 없다.

꿈은 특별한 몰입의 힘을 발휘하게 해준다. 사람이 살아가는 데 있어서 몰입은 중요하다. 꿈을 갖고 전심전력 노력을 하면 몰입할 수 있는 힘이 생긴다. 몰입하게 되면 필요 없는 것에 신경을 쓰지 않게 된다.

"무엇을 하고 싶은가에 대해 마음속에 확실히 심어두라.
그러고 나서는 옆길로 새지 말고 곧장 전진해 나아가라.
당신이 하고 싶은 위대하고 찬란한 일들에 대해 생각하라.

보이지 않는 과녁은 맞출 수 없으며 이미 존재하지 않는 목표는 볼 수 없다.”

전 세계적으로 유명한 대중 연설가이며 자기계발과 성공학의 대가로 알려져 있는 지그 지글러의 말이다. 이 말을 통해 우리는 자기가 미래에 무언가 하고 싶은 꿈을 갖는다는 것이 얼마나 중요한지 깨달을 수 있다.

꿈과 목표를 갖는다는 것은 보이지 않는 미래의 현실을 만드는 것이다. 꿈은 지금 살고 있는 현실의 돌파구가 된다. 꿈이 그저 꿈으로만 끝나지 않으려면 앞으로 나아가려는 실행력이 필요하다. 찬란한 미래를 만들기 위해서는 옆길로 새지 않고 꿈과 목표에 집중하고 돌파하는 것이 중요하다. 장애물에 부딪혔을 때 현실에 순응하며 포기하기보다 돌파할 수 있는 환경을 만들고 바꾸는 것이다. 이는 자신의 능력을 의심하거나, 자신의 가능성을 믿지 않는 사람들에게서는 발견되지 않는다. 옆길로 새고 이리저리 흔들리는 생각은 강한 힘을 발휘할 수 없다. 굳건하고 목표에 집중하는 강한 의식만이 강한 힘이 된다. 마음속에 무엇인가 이루고 싶은 분명한 목표가 있다면 앞으로 가야 할 방향이 정해진다.

목표를 구체적으로 설정하는 것이 얼마나 중요한지 알려주는 또 다른 흥미로운 자료가 있다.

　1979년 하버드 경영대학원 졸업생들을 상대로 설문조사가 있었다. 질문은 '장래에 대한 명확한 목표를 설정했는가? 그렇다면 그 목표를 기록해두었는가? 그 목표를 달성하기 위한 구체적인 행동계획이 있는가?'였다.

　그 결과 특별한 목표가 없다고 답한 사람이 84%, 목표는 있지만 그것을 종이에 적어 두지는 않았다는 사람이 13%, 목표를 구체적으로 설정하고 기록해두었다는 사람이 3%였다.

　그로부터 10년 후인 1989년, 연구자들은 그 졸업생들을 추적해 어떻게 살고 있는지 확인해보았다. 결과는 자못 흥미로웠다. 기록하지는 않았지만 목표가 있다고 대답한 13%가, 목표가 없다고 대답했던 84%보다 평균적으로 2배 이상의 소득을 올리고 있었다. 놀라운 일이긴 하지만 그럴 법도 했다. 연구자들의 입이 떡 벌어진 것은 그 다음 일이었다. 과연 목표를 구체적으로 종이에 기록해두었던 3%의 사람들은 어떻게 되었을까? 그들은 앞의 두 그룹 즉 목표가 없었던 84%와 목표는 있지만 기록해두지는 않았던 13%보다 평균 10배 이상의 수입을 올리고 있었다. 그들 사이의 유일한 차이점이라면 졸업할 때 얼마나 명료한 목표를 세웠는가 하는 점뿐이었다.

　놀라운 결과가 아닌가? 우리는 위의 사례에서 어떤 결단을 내려야 한다고 생각하는가? 지금 우리가 바로 실천해야 할 것이 무엇인가? 바로 나의 목표를 생각해보자. 생각에서 멈추지 말고 구체적으로 적어보자. 명확한 목표를 글로 써보면 놀라운 경험을 하게 될 것이다. 지금 당장 효과를 볼 수도 있고 나의 꿈과 비전이 이루어지는 모습에 스스로 감동할 수도 있을 것이다. 목표를 구체적으로 적어보자. 아리스토텔레스가 했던 말이 있다.

"내가 원하는 목표를 명확히 정하면 우주질서가 재편된다."

아리스토텔레스는 알고 있었던 것이다. 명확한 목표를 설정하는 것이 얼마나 중요한지를. 명확한 목표 설정이 도대체 얼마나 강한 효과가 있기에 우주질서가 재편된다고 했을까, 너무도 신기하고 신비롭지 않은가.

일본 최고의 부자이자 최고의 IT기업인 소프트뱅크의 회장 손정의는 자신이 성공한 이유를 이렇게 회고했다.

"왜 사람이 큰 성공을 이루지 못한다고 생각하는가. 비전이 없는 사람은 아무리 열심히 해도 발끝만 보기 때문에 그 자리에서 빙빙 돌기만 한다. 비전이 있는 사람은 늘 산 정상을 바라보고 있기 때문에 불필요한 움직임을 줄이고 결국 큰 산에 오를 수 있다. 내가 가진 것이라고는 구체적인 꿈과 그리고 아무 근거도 없는 자신감뿐이었다. 그리고 거기에서 모든 것이 시작되었다. 소프트뱅크를 시작할 때만 해도 아무것도 가진 게 없었다. 사람도 돈도 물건도 아무것도 없었다. 가진 것이라곤 오로지 성공하겠다는 의지와 비전 그리고 그것을 실현할 전략뿐이었다."

그는 열아홉 살 때 자신의 인생 50년 계획을 세웠다. 앞으로 나아갈 미래에 대해 구체적으로 세웠다.

"무슨 일이 있어도 반드시 20대에는 사업을 시작하고 이름을 떨친다. 30대에는 적어도 1천억 엔의 자금을 모은다. 40대에는 사업에 승부를 건다. 즉 커다란 사업을 일으킨다. 50대에는 사업에서 큰 성공을 이룬다. 그리고 60대에는 다음 세대에게 사업을 물려준다."

손정의는 자신의 계획을 실현하기 위해 당장 무엇을 해야 할지 곰곰이 생각했다. 그 결과 1년 동안 특허 연구와 실용적인 발명에 전념하기로 마음먹었다. 발명으로 사업자금을 마련하기 위해서였다.

소프트뱅크 창업 당시 손정의는 아르바이트생 두 명을 앞에 두고 귤 상자에 올라서서 '우리 회사는 장차 1조 엔, 2조 엔 기업이 될 것이다'라고 일장연설을 했다. 그의 황당한 꿈 선포에 질린 아르바이트생은 며칠 만에 그만 두었다. 하지만 훗날 손정의는 자신이 꾸었던 꿈을 모두 실현했다.

미셸 드 몽세뉴는 '목적 없이 항해하는 사람은 바람의 힘을 빌릴 필요가 없다'고 했다. 내가 진정 원하는 것을 스스로 알지 못하면 어떤 도움도 무용지물이라는 점을 강조하는 말이다.

우리는 보통 꿈을 그릴 때 현재의 자신을 보고 미래를 가늠하며 무엇이 가능할까를 생각하게 된다. 그러나 진심으로 꿈을 실현하고 싶다면 역발상이 필요하다. 먼저 꿈을 실현하고 있는 10년 후의 자신의 모습을 그려보고 거기서 현재의 자신의 모습을 보는 것이다.

이것은 지금의 자신에 대한 연장선상에 10년 후의 자신을 이미지화한다는 의미와는 다르다. 처음부터 10년 후에 나는 이렇게 되어 있다고 자신의 모습을 구체적으로 상상해보는 것이다. '지금은 이러하기 때문에' 같은 생각은 필요하지 않다.

이상적인 자화상을 구체적으로 이미지화해보자.

"나는 10년 후에 사장이 되겠다."

"나는 10년 후에 연예인이 되겠다."

"나는 10년 후에 대한민국 최고의 운동선수가 되겠다."

"나는 10년 후에 치과의사가 되겠다."

꿈은 가지고 있었지만 결국 이루어내지 못했다는 사람들의 실패 원인은 막연히 꿈을 머릿속에서만 추상적으로만 생각하고 있었기 때문이다. 아무리 머릿속에서 원대한 꿈을 그려도 그것만으로는 실현될 수 없다. 꿈을 꿈으로 끝내지 않기 위해서는 꿈을 구체적으로 그려야 한다. 이렇게 되고 싶다고 바라는 것만이 아니고 그 내용을 노트에 써보고, 그것을 소리 내어 읽어보고, 귀로 들어보아야 한다.

막연하게 생각하고 있는 것만으로는 꿈은 실현되지 않는다. 거기에 구체적인 모습을 주기 위해서는 거기에 관계하는 사물들을 닥치는 대로 모아 보는 것도 좋다. 꿈을 눈에 보이는 것들로 바꾸는 것이다. 진심으로 꿈을 실현하고자 하면 불가능하게 생각된 일들도 가능해진다. 할 수 없다는 생각을 절대 하지 않는 것이 중요하다.

꿈을 중심으로 조직된 회사, 일본전산의 '모든 것은 꿈을 위해서!' 라는 제목의 사명선언서를 보자.

꿈은 우리의 원점, 꿈은 우리의 원동력

꿈은 우리가 만드는 미래

세계의 꿈, 사람들의 꿈, 그리고 우리들의 꿈

꿈을 품는 것으로부터

새로운 것을 창조하는 정열과 발상이 싹터

세상에 없었던 기술과 성능을 가진 제품이 실현되는 것이다.

모든 것은 꿈을 위해서

꿈이 있는 한 일본전산그룹은 도전할 것이다.

세계와 사람들의 내일을 위해

세계 최초, 세계 최고를 추구하는 기술과 제품으로

쾌적한 사회를 만드는 데 계속 공헌할 것이다.

잡초 같은 인생은 아름답다

나태주 시인의 '들꽃' 이라는 시다.

"자세히 보아야 예쁘다
오래 보아야 사랑스럽다
너도 그렇다."

공감이 가는 시다. 그냥 보아도 예쁜데 자세히 보면 얼마나 더
예쁘겠는가? 그냥 보아도 사랑스러운데 자세히 보면 얼마나 더

사랑스럽겠는가? 그냥 스쳐 지나가는 것이 아닌 관찰과 묵상의 힘을 우리에게 전해주는 시다.

잡초는 어떠한가. 넓고 넓은 들판에서 주목받지 못하는 그렇고 그런 존재를 통틀어 잡초라고 하지 않던가. 잡초는 어느 누구도 인정해주지 않고 어느 누구도 관심을 갖지 않기에 더욱 강한 힘을 발휘할 수 있다.

잡초는 쓸모가 없다. 그러나 잡초의 큰 장점이 하나 있다면 생존력이 강하다는 것이다. 아무리 사람들이 밟고 또 밟아도 여전히 살아남는 것이 잡초다. 잡초에게는 아름다움도 없고 사람들의 관심을 끌 만한 것도 없다. 그러나 잡초는 여전히 살아있다. 여기에 우리의 희망이 있다. 잡초같이 넘어져도 언제 그랬냐는 듯이 다시 일어나야 한다는 것이다.

익숙한 환경에서는 긴장할 필요가 없다. 조금이라도 힘이 들면 아무에게라도 도움을 요청할 수 있으니까. 익숙한 것은 곧 편안함이고 편안함은 곧 나태함과 정체로 이어진다. 그러니 아무리 새로운 결단을 했다 해도 익숙하고 편안한 환경을 떠나지 못한 상태라면 물에 물 탄 듯 술에 술 탄 듯 유야무야 사라지고 만다. 작심을 한다는 것은 몸도 마음도 새로운 장소로 옮겨가는 것이다. 마음을 바꾸었다면 환경도 완전히 새롭게 바꾸어야 한다.

낯선 환경에 나를 드러내는 것을 두려워하지 말자. 익숙한 환경에 우리는 너무 오랫동안 길들여져 있다. 새로운 환경에 나를 내보이고 큰 소리로 소리쳐보자. 물론 처음에는 힘들고 외로울 수도 있다. 하지만 시간이 지나면 익숙해질 것이다.

우리나라 젊은이들이 닮고 싶어 하고 존경하는 인물 중 한 사람인 현대그룹의 고 정주영 회장의 젊었을 때 빈대 관련 경험은 오랫동안 정주영 회장의 삶의 지침이 되었다.

"1933년 열여덟 살의 젊은 정주영이 인천 부두에서 막노동을 할 때였다. 정주영의 숙소였던 노동자 합숙소는 밤이면 들끓는 빈대천국이었다. 몸이 지칠 대로 지쳐 파김치가 되어 자고 싶었지만 빈대들의 습격 때문에 도저히 잠을 잘 수가 없었다. 그래서 빈대를 피하기 위해서 머리를 써야 했다. 빈대를 피하기 위해서 밥상 위로 올라가 잤는데 빈대가 밥상 다리 네 곳으로 올라와서 잠을 이룰 수가 없었다. 그래서 다른 방법을 생각했다. 물 담은 양재기에 밥상 네 다리를 담가놓고 밥상 위에서 잠을 잤다. 그러나 여전히 빈대가 온 몸을 물었다. 궁금해서 불을 켜고 본 순간 이게 어찌된 일인지 기가 막혀 말이 나오지 않았다. 빈대가 정주영의 피를 빨기 위해서 벽을 타고 천장으로 올라가 사람을 향해 떨어지는 것이었다. 그 후 빈대도 목적을 위해 죽을힘을 다해서 끊임없이 도전하는구나 하고 정주영은 그 빈대의 교훈을 잊지 않았다고 전해진다."

세상에! 어떻게 이런 미물이 이렇게 전략적으로 접근할 수 있단 말인가? 빈대의 끊임없는 도전에 박수를 보내고 싶다. 그 작은 빈대를 통해서 삶의 중요한 지혜를 발견한 정주영 회장에게도 진심으로 존경을 표하고 싶다. 우리 앞에 놓인 어떤 것이 장벽으로 다가올 수 있겠는가. 아마도 마음의 벽이 아닐까. 우리 모두 조금이라도 장애물이라고 생각하는 것이 있다면 빈대처럼 잡초처럼 끊임없이 도전해보면 어떨까?

사람들이 싫어하는 일에서 우리는 귀중한 경험을 할 수 있다.

사람들이 하고 싶어 하지 않는 일은 힘들고 더럽고 위험한 일이다. 한편으로는 누군가가 하지 않으면 안 되는 일이기도 하다. 혹시 사람들이 하고 싶어 하지 않은 일이 있으면 그것을 솔선해서 하자. 그러면 보통 사람들과 다른 관점에서 사물을 보는 능력이 생긴다. 하고 싶지 않은 일을 하면 그곳에서만 얻을 수 있는 귀중한 경험을 할 수 있다. 게다가 그것이 많은 사람들이 하기 싫어하는 일이라면 그것은 더욱 가치 있는 경험이 될 것이다.

이렇게 솔선수범해서 한 가지 한 가지 경험을 쌓는다면 자연히 잡초 정신이 몸에 길러질 것이다. 사람들이 싫어하는 길을 가면 쉽게 얻을 수 없는 경험을 쌓을 수 있다. 거기에서부터 강인함이 길러지고 흉내 낼 수 없는 발상이 생긴다. 보통 사람들과는 다른 삶을 선택하는 것은 성공의 지름길도 되는 것이다.

　강철왕 앤드류 카네기는 영국 스코틀랜드 출신으로 미국으로 이민했다. 13세에 가족과 함께 미국 펜실베이니아 주로 이주해 교육을 제대로 받지도 못했다. 기관조수, 직공, 전보배달원, 전신 기사 등 온갖 힘든 일을 전전하다 당대 제일의 제철소를 일구어 '강철왕'이란 별칭과 함께 세계 최고 부호의 반열에 오른 자수성 가한 인물이다.

　이민자들은 어떻게든 기를 쓰고 새로운 곳에 정착하기 위해서 애쓴다. 무슨 일이든 필사적으로 매달리고 언제 어디서나 긴장의 끈을 놓지 않으며 눈에 불을 켜고 기회를 탐색한다. 그러한 절박 함에 외부인의 새롭고 낯선 시선이 합쳐져 원래 있던 사람들이 보지 못한 것까지도 찾아내는 것이다.

　변화를 두려워하지 않는 삶의 방식으로 전환해 보라.

　눈사람을 만드는 방법을 아는가. 처음에는 작은 덩어리를 만들 고 그것을 굴리면 점점 커지게 된다. 눈사람은 굴리지 않으면 커 지지 않는다. 현대인의 삶도 눈사람과 닮은 점이 있다. 자신이 스 스로 앞으로 나아가 행동하지 않고 도전하지 않으면 성장할 수 없다. '딱히 성장하지 않아도 되고 지금 이대로도 좋다'는 생각 도 있을 수 있지만 아무것도 하지 않으면 현상유지조차 할 수 없 다. 흐르는 강물을 거슬러 오르는 배는 앞으로 나아가지 않으면 뒤로 밀려나는 것과 같은 이치다.

사람은 연약하기 때문에 언제든지 넘어질 수 있다. 그리고 그렇게 넘어졌을 때 생존력이 강한 잡초 근성으로 사는 사람은 다시 도전할 수 있다고 생각한다. 다시 일어난다는 것은 그렇게 쉬운 일이 아니다. 그렇지 않은가. 인생을 살다 보면 넘어지는 날이 얼마나 많은가. 넘어졌을 때 일어날 수 없으면 그것으로 끝이다. 우리가 재기하고 성공하기 위해서는 정말 필요한 지혜이다.

그런 힘은 스스로 만들 수밖에 없다. 지인을 통해서 한 번은 도움을 받을 수도 있을 것이다. 하지만 지속적으로 도움을 받기에는 한계가 있다. 그렇기 때문에 시련으로 넘어졌을 때도 일어설 수 있는 잡초 근성을 길러야 하는 것이다.

잡초처럼 다시 일어서는 사람들은 세상을 그렇게 복잡하게 보지 않는다. 누군가가 도와주기를 바라지도 않는다. 무슨 일을 하든지 생각이 지나치게 복잡하면 고민만 깊어진다. 단순하게 살아야 한다.

잡초처럼 많은 시련을 겪어온 사람은 웬만한 일에는 끄덕도 하지 않는다. 이는 선천적으로 타고난 면역도 있지만 후천적으로 만들어가는 면역도 있음을 보여준다. 따라서 뒤늦게라도 자신이 온실 안에서 자란 화초였다고 깨닫는다면 스스로 자신을 단련해야 한다. 그리고 이 험한 단련 과정에서 상처를 줄이는 가장 좋은 방법이 바로 절대긍정이다.

인생을 바꾼
웃음과 긍정

    ✦ ✦ ✦ "밝고 명랑한 마음만큼 확실하게 보답을 주는 것은 없다. 밝고 명랑한 마음은 그 자체가 하나의 보답이기 때문이다."

- 쇼펜 하우스 -

    세상은 생각하기 나름이다. 예를 들어 서울에 가는데 반 정도 갔을 때 어떤 사람은 '아직 반밖에 오지 않았네!' 라고 부정적으로 말하는 사람이 있는가 하면 '벌써 반이나 왔네!' 라고 긍정적으로 말하는 사람이 있다. 마찬가지로 현실이 힘들고 미래가 불안하더라도 긍정의 사고를 가지면 희망을 가질 수 있다.

생각이라는 것은 강을 깊이 파서 물이 한 방향으로만 흐르게 만드는 것과 같다. 비관적인 생각을 할 때마다 부정적인 방향으로 향하는 물길을 점점 더 깊이 파고 있는 것이다. 다행히도 우리는 마음먹기에 따라 긍정적인 방향으로 향하는 희망의 물길을 만들 수 있다. 별것 아닌 듯해도 부정적인 생각을 거부하면서 꾸준히 물줄기의 방향을 바꿔 나가면 마침내 큰 긍정의 변화가 일어난다. 행복할 수 있다는 긍정적인 생각을 다스리면 긍정적인 물줄기의 힘이 거세진다. 두려움 대신 희망을 선택할 때마다 부정적인 물줄기는 줄어든다.

우리에게는 우리가 진정으로 원하는 꿈과 목표가 있다. 그리고 인생의 궁극적인 최종의 나의 모습을 그리는 위대하고 찬란한 사명이 있다. 꿈과 목표, 더 나아가 사명을 이루기 위해 오늘 하루를 어떻게 살 것인가? 하지만 혹시 너무 거창한 목표와 비전을 설정해서 앞으로 나아가지 못하고 헤매고 있지는 않은가?

망설이지도 헤매지도 말고 아침에 나서면서 딱 한 가지만 챙겨라. 그것은 긍정적인 정신자세다. 긍정적인 정신자세는 하루 종일 나를 업그레이드할 수 있고 에너지를 공급할 수 있는 최고의 비밀병기다. 차 속이든, 사무실이든, 화장실이든, 고객과 만나든, 식사를 하든, 우리는 주도적으로 최상의 긍정적 마인드를 선택할 수 있다.

힘든 현실에서 긍정적인 사고를 가지려면 우선 꿈과 목표가 명확해야 한다. 꿈과 목표가 명확한 사람은 절대로 한눈팔지 않는다. 자신의 꿈과 목표를 달성하기 위해 앞만 보고 달려가기 때문이다.

어려운 현실 속에서도 긍정의 생각을 가져야 한다. 사람들은 어떤 일을 만날 때 두 부류로 나뉘어진다. 먼저 한 부류는 '이 일은 잘할 수 있어', '이 일을 통해 분명 좋은 일이 있을 거야' 라고 긍정적인 말을 하는 사람들이다. 또 하루를 시작할 때도 '오늘은 분명 기쁜 일이 많을 거야', '오늘도 할 수 있어' 하고 긍정적인 말을 하는 사람은 언제나 자신감이 넘친다. 말을 할 때마다 열정이 있고 에너지가 넘치며 자신감 있는 얼굴은 볼수록 매력적이기까지 하다. 반면 다른 부류는 부정적인 말을 하는 사람들이다. '이 일은 너무 힘들어', '이번에도 실패하면 어떡하지' 처럼 부정적인 말을 하는 사람의 얼굴에는 자신감이 없다. 누가 보아도 한눈에 나쁜 일이 생겼다는 것을 짐작할 수 있다.

자신의 분야에서 큰 획을 그은 사람들은 모두 자신감 있는 목소리로 긍정적으로 말한다. 결코 그들은 부정적인 말로 자신은 물론 타인들의 기분까지 다운시키지 않는다. 매일 아침 일어나면서 긍정적인 자기암시를 한다. '오늘은 행복지수 100%야, 오늘은 내 생애 최고로 좋은 날이다. 분명 좋은 일이 가득할 거야' 라고.

그리고 저녁에는 일기에 그날의 가장 기쁘고 행복했던 일을 기록한다. 잠자리에 들어서는 '내일도 분명 오늘처럼 내 생애 최고의 날이 될 것이다' 라고 자기암시를 한다.

우리가 하는 말 속에는 에너지가 담겨 있다. 긍정적인 말은 자신에게 확신을 주지만 부정적인 말은 있던 자신감마저 떨어지게 만든다. 긍정적인 말을 습관적으로 하는 사람은 부정적인 말을 하는 사람보다 빨리 자신의 꿈을 이룬다. 밝고 긍정적인 자기암시를 하라. 그러면 사람들이 당신 주위에 몰려들어 도움을 주려고 할 것이다. 긍정적인 자기암시는 자신감을 증가시켜 꿈을 이룰 수 있게 도와주는 것이다.

데일 카네기의 말에 의하면 성공한 사람들은 세 가지 말 '없다', '잃었다', '한계다' 라는 말을 절대로 하지 않았다고 한다. 이 세 가지 말을 하는 순간 부정적인 생각으로 인해 소극적으로 행동하게 되기 때문이다.

어떤 대뇌학자에 따르면 뇌세포는 사람들이 내뱉는 말의 지배를 받는다고 한다. 따라서 긍정적인 말을 하면 적극적인 행동을 하게 되고, 반대로 부정적인 말을 하면 소극적인 행동을 하게 된다는 것이다. 성공한 사람들은 언제나 긍정적인 말을 했다. 말 속에는 인생을 이끄는 힘, 성취력이 숨어있다는 것을 알았기 때문이다. 값지고 의미 있는 삶을 살고 싶다면 농담으로도 절대 부정적인 말을 해선 안 된다.

우리가 살고 있는 세상에는 나름대로의 원리가 있다. 그리고 사람의 마음에도 원리가 있다. 그 원리에서 벗어나면 살아가는 데 어려움이 따른다. 마음은 항상 따뜻한 곳으로, 편한 곳으로, 즐거운 곳으로 흐르기 마련이다. 돈도 마찬가지다. 마음이 향하는 곳으로 행동하고, 행동을 해야만 돈이 움직인다. 그래서 행복해지고 싶다면 먼저 사람들의 마음이 내게 끌리도록 해야 한다.

사람들의 마음을 끄는 최고의 방법은 웃음이다. 웃음은 전염성이 강하다. 긍정적인 생각과 웃음은 건강에도 도움을 준다. 웃으면 세상의 긍정적인 에너지가 나에게 들어온다. 어떤 상황에서도 만나는 사람이 보여주는 너그러운 미소는 우리를 행복하게 한다. 인과응보란 말이 있다. 원인이 있으면 그에 따른 결과가 있다는 뜻이다. 즐거운 생각을 하면 즐거워지고 불행한 생각을 하면 불행해진다. 그래서 화낼 필요도 없다.

목표를 이루는 데 영향을 미치는 요소가 있다. 본인의 외부적 환경이 있을 것이고 본인의 내부적인 상황이 있을 것이다. 하지만 무엇보다 중요한 것은 외부 환경이 아니라 본인 안에 있는 내부의 상황이다. 어떻게 판단하고 선택하느냐는 결정과 행동의 문제인 것이다. 결국 어떤 결과를 만들어내느냐는 바로 본인 내부의 상황에 달려 있다고 할 수 있다.

내부의 상황, 즉 결단과 행동에 의해서 자신의 현재와 미래가 결정된다. 스스로 자신의 삶을 책임지고 주도적으로 행동한다면 현재와 미래의 삶은 물론 성공에 이르기까지도 얼마든지 주도적인 삶이 가능하다.

많은 사람들이 이러한 사실을 인정하면서도 실행하는 데는 주저하고 차일피일 미루기 때문에 자신이 원하는 것을 이루지 못한다. 다른 사람의 생각이나 외부적인 환경이 바뀌기만을 기다리고 있다면 그런 날은 영원히 오지 않는다는 사실을 알아야 한다.

그러므로 성공한 인생이 되기 위해서는 긍정적이면서도 지혜로운 행동이 필요하다. 진정한 성공인은 빠듯한 환경이라든지 어떤 불리한 상황에서도 불평불만을 토로하는 데 결코 에너지를 낭비하지 않는다. 그것이 사실이냐 아니냐의 문제 때문이 아니라 그런 불평이나 불만을 생각하거나 얘기하는 동안에는 결코 성공인이 될 수 없기 때문이다.

"어떤 꿈도 강하게, 간절히, 생생하게 원하면 반드시 현실이 된다."

성공심리학에서 통용되는 고전적인 명언이다. 자기의 꿈을 실현시킨 사람들의 이야기를 들으면 많은 사람들이 부러워한다. 그러나 다른 사람들의 성공을 아무리 부러워해도 당신이 성공하지 못하면 아무런 의미가 없다. 더욱이 남을 부러워하며 질투하거나 방해하려는 행위는 자신의 가치를 떨어뜨리는 행동일 뿐이다.

우리는 꿈을 이루기 위해 각자의 위치에서 최선을 다하고 있다. 하지만 시간이 지나면서 하늘과 땅 차이, 즉 승리자와 패배자로 나뉘게 된다. 모두가 성공을 열망하는데 왜 이와 같은 결과가 나타나게 되는 것일까? 도대체 무엇이 두 부류로 나뉘게 하는 것일까?

물론 다양한 이유가 있을 것이다. 그중에서도 가장 큰 영향을 미치는 것은 꿈, 그리고 성공에 대한 동기 부여가 아닐까. 성공한 사람치고 꿈이 없는 사람은 없었다. 꿈이라는 과녁이 있었기에 목표를 세울 수 있었고 10점짜리 화살을 쏠 수 있었던 것이다. 종종 그들 역시 한계라는 벽에 부딪혔다. 그럴 때마다 스스로 성공에 대한 동기를 부여함으로써 전진할 수 있었다.

그만큼 자신의 분야에서 성공을 이루기 위해서는 꿈과 목표가 중요하다. 하지만 그것을 포기하지 않게 하는 동기 부여 역시 매우 중요하다. 성공에 대한 동기 부여는 목적지를 향해 달리는 자동차의 연료와 같다. 연료가 떨어지지 않는 한 자동차는 목적지에 도착할 수 있다. 아무리 원대한 꿈과 그것을 뒷받침해주는 목표와 계획이 있다 하더라도 동기 부여가 안 된다면 중간에 포기하게 된다.

대부분의 사람들이 꿈과는 거리가 먼 삶을 사는 것은 자신의 꿈을 향해 계속 나아가지 않았기 때문이다. 가슴 뛰는 삶, 꿈꾸는 삶을 살고자 한다면 성공에 대한 동기 부여가 필요하다.

일본에서 이미지 트레이닝 연구의 선구자로 불리는 니시다 후미오는 성공한 사람들과의 인터뷰와 여러 실험을 통해 생각의 힘의 중요성을 강조했다.

"당신이 평소에 불평불만과 험담을 늘어놓는다면 당신 앞에는 불평불만과 인간관계의 실패가 펼쳐질 것이다. 미래를 창조하는 것은 단순한 노력이나 성실이 아니라 예감이다. 좋은 예감은 좋은 결과를 만든다. 반대로 불길한 예감을 떠올리면 그 불길한 예감은 현실로 나타나고 만다."

브라이언 트레이시는 목표를 이미지로 시각화하는 과정에는 네 가지 요소가 있다고 했다.

첫째는 빈도이다. 미래의 목표 행동 등을 얼마나 반복해서 시각화하느냐가 중요하다. 수백 번 수천 번 반복할수록 목표를 성취하려는 욕구와 믿음을 강화시킬 수 있다.

둘째는 선명도이다. 간절히 원하는 목표를 선명하게 상상하는 사람일수록 분명하게 목표를 성취한다. 중도에 포기하는 사람은 목표가 불분명하고 확신이 없기 때문이다.

셋째는 강도이다. 목표를 시각화할 때 쏟는 감정의 양은 성공과 비례한다. 목표를 성취하겠다는 간절한 욕구가 있으면 몰입할 수 있는 열정이 생긴다. 이미 목표가 달성된 것처럼 믿으면 목표는 더 빨리 성취된다.

넷째는 지속 시간이다. 이것은 목표를 마음속에 새기는 시간을 말한다. 목표를 시각화하는 시간이 길고 더 자주 반복할수록 실현될 가능성은 더욱 커진다.

본인의 입에서 나오는 언어습관이 그 사람의 운명을 결정한다. 말을 할 때마다 지금 하고 있는 말이 긍정적인지 아니면 부정적이며 비관적인지에 따라 성공과 행복이 좌우된다는 생각을 가지고 신중히 해야 한다. 평소에 가다듬은 마음가짐과 언어 습관은 은연중에 나타나기 마련이다. 잘 우려내야 커피 맛이 좋은 것처럼 말도 마음에서 우러나오는 것이라야 감동을 줄 수 있다. 내가 하는 말은 내가 어떤 사람인지를 드러낸다. 말하는 습관은 곧 그 사람의 인격이다. 말은 자신의 미래를 예언하는 것이다.

정말 싫은 일이 있을 때일수록 웃어야 한다. '재미없는 일인데 웃을 수 있을까?' 혹은 '싫은 일이 있을 때도 웃어야 한다고 말하지만 실제로 그럴 수 있을까?' 라고 생각할 수도 있다. 하지만 그런 일이 있을 때 웃어 보면 분명 좋은 결과를 얻을 수 있다.

웃는 얼굴과 웃는 목소리는 여러 가지 효과가 있다. 의학적으로 보면 웃으면 면역력이 강해지고 암을 일으키는 원인을 치료할 수 있다는 의학보고도 있다. 짜증나는 얼굴을 하는 사람보다 웃는 얼굴을 하는 사람을 보는 것이 훨씬 좋다. 분위기가 무거운 가게보다 밝고 웃는 얼굴을 하고 있는 가게로 가고 싶은 것이다. 뿐만 아니라 웃는 얼굴과 웃는 목소리는 전염된다. 또 그다지 웃지 않는 사람보다 잘 웃는 사람이 무언가 잘 되지 않아도 상황 대처를 잘하는 편이다.

무엇이든 긍정적으로 생각하는 쪽이 결과가 좋다. 이는 앞서 말한 대로 부정할 수 없는 것이다. 그러므로 어떤 일이든 좋은 쪽으로 생각하는 습관을 들이는 것이 중요하다.

나는 된다.
할 수 있다

✳ ✳ ✳ 단테가 말했다.

"나는 할 수 있다. 나는 해낸다. 나에게는 저력이 있다. 나에게는 오직 전진뿐이다. 이런 신념을 지니는 습관이 당신의 목표를 달성시킨다. 너의 길을 걸어가라. 사람들이 무어라 떠들든 내버려 두어라."

꿈이 있는 사람은 앞으로 나아간다. 꿈이 있는 사람은 힘이 있다. 꿈이 있는 사람은 자신을 가장 소중한 존재로 인식한다. 그래서 자신이 꿈꾸는 일은 어떤 일이 있어도 이루고 말 것이라는 강한 신념을 지니고 있다. 한마디로 강한 확신이 있기 때문에 주위에서 아무리 에너지를 떨어뜨리는 소리를 해도 자신이 정한 목표를 향해 착실하게 전진해 간다는 것이다.

'하고 싶다'가 아니라 '할 수 있다'는 태도를 가진 사람이 성공한다는 것이다. 주위의 성공한 사람들을 면밀히 살펴보라. 그들은 단지 하고 싶다는 태도가 아니라 코뿔소처럼 저돌적으로 할 수 있다는 태도를 지니고 있다.

'하고 싶다'와 '할 수 있다'의 결과는 하늘과 땅 차이다. '하고 싶다'는 그저 막연한 감정으로 절박함이 결여되어 있다. 쉽게 말해 되면 좋고 안 돼도 그만이라는 뜻을 담고 있다. 하지만 '할 수 있다'에는 반드시 해내고 말겠다는 강한 열망이 담겨 있다. 강한 열망은 모든 시련과 역경을 이겨내고 원하는 것을 이루게 한다. 성공한 사람들이 하나같이 '할 수 있다'고 강한 긍정의 말로 선포하는 이유가 바로 여기에 있는 것이다.

성공한 사람들은 대부분 미련하다 싶을 정도로 '할 수 있다'를 외친 사람들이다. 보통 사람들의 눈에는 불가능한 일로 비춰지지만 그들은 그 반대였다. 강한 긍정으로 불가능을 가능하게 뒤집었던 것이다.

꿈과 비전을 가진 사람이라면 절대 '하고 싶다'는 태도를 가져선 안 된다. 이 태도로는 어떤 일도 이룰 수 없다. 그 대신 '할 수 있다'고 강력하게 선포해야 한다. 여러분의 내부에는 무한한 잠재력이 숨어있다. 따라서 자신의 능력과 무한한 가능성을 확신해야 한다.

'할 수 있다' 고 생각하면 사람들은 놀랄 만큼 자신의 면모를 드러내기 시작한다. '할 수 있다' 는 태도를 가질 때 분명 해내게 된다. 스스로를 믿는 것 그것이 성공의 첫 번째 비결이다.

'나는 된다' 는 생각으로 불가능을 가능으로 바꾸었던 야구 선수가 있다. 일본의 전 야구 선수 신조 츠요시, 그는 일본 프로야구팀에서 활동하다 2000년 말 미국 메이저리그로 건너갔다. 그는 시즌 개막 전 기자들에게 이렇게 공언했다.

"메이저리그의 첫 타석은 안타가 될 것입니다. 지금까지 데뷔전은 전부 안타로 장식했으니까요. 이번에도 안타가 되지 말라는 법 있습니까?"

당시 그의 말을 들은 야구평론가들과 스포츠 뉴스 진행자들은 다들 속으로 비웃었다. 사실 그는 일본에서도 별로 눈에 띄는 성적을 거두지 못한 선수였기 때문이다. 그런 그가 내로라하는 야구선수들이 모여 있는 메이저리그 첫 타석에서 안타를 치겠다고 자신하는 모습이 가소롭게 여겨졌던 것이다.

그러나 결국 신조 선수의 예언이 맞아떨어졌다. 그는 메이저리그 데뷔전을 안타로 장식했다. 텍사스히트(야구에서 타자가 친 공이 내야수와 외야수 사이에 떨어져서 안타가 된 것)였지만 내야수와 외야수가 처리하지 못해 안타가 되었던 것이다. 안타를 치고 달려가는 그의 모습을 본 야구해설자는 역시 신조 선수라며 칭찬을 아끼지 않았다.

그런데 신조 선수가 친 공은 야구 전문가들의 의견에 따르면 보통은 아웃이 되는 타구였다고 한다. 하지만 그는 아웃이 되는 공을 안타로 바꾸었다. 그런 일이 가능했던 것은 타석에 들어서기 전에 이미 그는 안타를 칠 수 있다는 긍정적인 생각을 했기 때문이다. 그 결과 과감하게 스윙을 했고 행운의 안타가 된 것이다.

신중한 것인지는 모르지만 대다수 사람들은 무언가 일을 시작하기 전에 먼저 할 수 있을지를 생각한 다음에 할 수 없는 것은 아닌가 하고 생각하는 경우가 자주 있다. 할 수 있을 것 같아도 우선 '할 수 있을지 잘 모르겠습니다만 해보겠습니다' 하고 겸손을 떠는 것은 보통 사람들에게 보통 있는 겸양의 미덕이라는 것이 아닐까. 그렇지만 자신에게 주어진 일이라는 것은 보통은 할 수 있는 일들이다.

명백하게 할 수 없는 일은 좀처럼 맡겨지지 않는다. 자신이 할 수 있는 것만 찾아오는 것이다. 그러므로 무엇인가 해야만 하는 일이 눈앞에 있을 때 그것을 보고 당신이 '할 수 없다'고 생각하는 것은 실제로 당신이 멋대로 그렇게 생각하는 것일 뿐이다. 소위 '기분 탓'이라고 하는 것이다.

이것은 '할 수 없다고 생각한 것일지라도 할 수 있다고 생각하면 된다'라는 충동적인 믿음과는 조금 다르다. 왜냐하면 진짜로 할 수 있는 것을 당신이 할 수 없다고 착각하고 있는 것이니까. '할 수 없다'고 생각하고 있을 때 '할 수 있다니까'라고 듣는다고 해도 그것으로 할 수 있을 것 같은 기분이 되지는 않는 것이 보통이다. 하지만 '할 수 없다고 생각하는 것, 그것은 착각이야'라고 얘기한다면 어떤 기분인가. '아, 착각이구나, 그렇구나'하고 스스로 궤도수정을 할 수 있을 것 같은 기분이 들지 않는가? 왜냐하면 정말 할 수 있으니까. 의외로 이런 작은 착각에 속는 일이 꽤 많다.

할 수 없어도 할 수 있다고 말하자.
지금 할 수 있다고 말하지 않으면 영원히 기회는 없다.
우선 할 수 있다고 말하자.

– 나카타니 아키히로(일본 작가) –

할 수 없다는 말을 피하라. 할 수 없다는 말은
글로 쓰건 말로 하건 세상에서 가장 나쁜 말이다.
그 말은 욕설이나 거짓말보다 더 많은 해를 끼친다.
그 말로 강인한 영혼이 수없이 파괴되고 그 말로 수많은 목표가
죽어간다.
그 말이 당신의 머릿속을 점령하지 않도록 하라.

그러면 당신은 언젠가 당신이 원하는 것을 얻을 것이다.
－ 에드가 게스트(결실과 장미 중에서) －

할 수 있다는 마음을 가진 사람과 갖지 않은 사람의 차이는 엄청나다. 그저 할 수 있다는 결의를 믿기만 해도 그렇지 않은 사람과는 완전히 다른 결과를 얻는다. 할 수 있다는 결의가 자신감 있게 행동하게 하는 중요한 동기 부여가 되기 때문이다. 나아가 그들은 자신의 목표에 숨어있는 진정한 의미를 다시 생각하게 된다. 동기 부여를 위해 할 수 있는 모든 것을 동원한다. 호흡을 가다듬고 결단을 하고 자기확신을 한다. 앞으로 잘해나가는 모습을 상상하고 항상 성공하는 생각을 그린다.

누구나 성공자라고 믿으면 성공한 사람처럼 행동한다. 승리자처럼 걷고 말하고 승리자의 모습과 태도와 습관이 생긴다. 그러면 사람들이 그를 승리자로 대한다. 그러면 승리자가 되는 것이다. 결국 세상사를 지배하는 것은 곧 마음이고 믿음과 의지는 곧 창조나 다름없다.

자신에게 그 일을 성취할 수 있는 능력이 있더라도 스스로 '난 할 수 없어' 하고 생각하거나 말한다면 절대 그 일을 해낼 수 없다. 이미 실패하는 상상이 지배하고 있기 때문이다. 어느 조직에서나 능력을 인정받고 승승장구하기 위해서는 성공하는 상상을 해야 한다. 이런 긍정의 마인드를 가질 때 자신감과 도전의식, 열정이 샘솟게 되기 때문이다. 남들보다 성과를 발휘하거나 앞서가는 사람들은 무슨 일이든 남과 다른 자세로 임한다. 그들은 아무리 힘든 일에 부딪혔을 때도 절대 부정적인 상상을 하지 않는다. 오히려 힘든 상황일수록 할 수 있다는 상상을 한다. 그 상상을 통해서 용기를 얻는다. 할 수 없다고 생각하면 정말 할 수 없게 된다. 그 부정적인 생각 속에서 이미 핑계를 만들어 놓기 때문이다. 이런 태도는 자신의 능력을 충분히 발휘할 수 없게 만든다.

보통 사람들은 좀 어렵다 싶은 일은 해보겠다는 시도도 하지 않고 그냥 간단하게 '안 된다', '불가능하다'로 끝내버리고 만다. 그러나 정주영 회장은 문제를 특별한 것으로 여기지 않았고 문제가 있는 것을 당연하게 생각했다. 그리고 모든 문제에는 해답이 있다고 믿었다. 그는 진짜 문제를 보고 그것을 해결해 나갔다.

정주영 회장의 자서전 《이 땅에 태어나서 나의 살아온 이야기》에는 이런 글이 실려 있다.

'무슨 일을 하든 요만큼이나 이만큼, 요 정도, 이 정도는 내게 있을 수 없었다. 더 하고 싶어도 더 할 게 없는 마지막의 마지막까지 다하는 최선 그것이 내 인생을 엮어온 기본 생각이다. 내가 믿는 것은 하고자 하는 굳센 의지를 가졌을 때 발휘되는 인간의 무한한 잠재 능력과 창의성 그리고 뜻을 모았을 때 분출되는 엄청난 에너지뿐이다.'

장애물을 비켜가는 것이 습관이 되면 반드시 극복하지 않으면 안 되는 일에 부딪혔을 때도 비켜갈 궁리만 하게 된다. 그야말로 불도저처럼 무섭게 밀어붙이면 이루어진다.

패자들은 언제나 왜 못했는지 핑계를 찾는다. 반면 성공한 사람들은 반드시 해야 할 이유를 찾는다. 할 수 있다는 자신감을 강조한다. 아침마다 거울을 보면서 '넌 대단해. 너는 뭐든지 할 수 있어'라고 말하는 사람이 진짜 성공한다. 매일 밤 거울을 보며 '넌 오늘 최선을 다 했어. 최고였어'라고 말하는 사람이 반드시 성공한다.

여러분의 내면에는 위대한 재능이 잠들어 있다. 그 재능은 여러분이 생각하고 꿈꾸는 모든 것을 현실로 이루어내는 위대한 힘을 품고 있다. 따라서 재능을 꼭 사용해야만 한다. 여러분을 위해서 그 재능이 일을 하게 해야 한다. 가슴 뛰는 꿈을 품고, 절대적인 긍정의 마인드를 갖고, 의지와 끈기로, 할 수 있다는 생각으로 도전해야 한다. 나는 된다는 생각으로 실행에 옮겨야 한다.

Etude de Point de Croix.

part 2

실행으로 답하라

꿈을 향해 도전하는 삶은 아름답다

★★★ 도전하는 사람만이 성공한다. 우리가 사람들을 만날 때마다 반드시 물어보는 질문 중 하나는 도전에 관해서이다.

"당신은 끊임없이 도전하고 있습니까?"

성공을 거둔 사람들의 인생이 처음부터 성공적이었던 것은 아니다. 지금은 유명한 연예인, 스포츠 선수, 기업인, 작가라 해도 누구에게나 무명시절이 있기 마련이다.

그들은 무명시절에도 위험을 감수하고 끊임없이 도전했다. 수차례 거절을 당해도 포기하지 않고 다른 사람들이 무모하다고 말

해도 무릎 꿇지 않고 도전한 것이다. 초지일관으로 처음 세운 뜻이나 마음을 끝까지 지키는 자세로 도전했다. 그런 끊임없는 열정과 도전의 결과로 행운의 여신이 찾아오게 된 것이다. 행운의 여신은 한두 번 노력하는 정도로는 눈길도 주지 않는다는 뜻이다. 그래도 포기하지 않고 끊임없이 노력하면서 위험을 감수하고 도전하면 마침내 성공할 수 있다는 것이다.

많은 사람들이 후회하는 것은 무엇인가를 했기 때문이 아니라 무엇인가를 하지 않았기 때문이다. 큰 성공을 거두어 부와 명예를 모두 손에 넣은 어떤 기업인은 이렇게 말했다.

"젊은 시절에 실패를 두려워하지 말고 도전하세요. 늙어서 좋은 추억이 될 수 있는 실패를 많이 경험하세요!"

우리는 왜 처음부터 모든 일이 잘 풀리기를 바라는 것일까?

사람들은 가능하면 첫 시도에서 성공을 거두고 싶어 한다. 그것도 최소의 노력으로 최대의 효과를 얻으려 한다. 바로 그런 사고 방식이 실패를 부르는 가장 큰 요인이다. 중요한 것은 마지막에 성공하는 사람이 되는 것이다.

몇 번을 실패하든 기죽지 말고 도전해야 한다. 오히려 실패가 두려워서 도전하지 않는 것이 바로 실패이다.

인생은 우리에게 풀어가야 할 수많은 도전을 던져준다. 그런데 대부분의 사람들은 한두 번 시도해보고 안 되면 쉽게 포기해버린다. 그들이 실패하는 이유는 능력이 부족해서가 아니라 성공할 때까지 물고 늘어지지 않았기 때문이다. 괜히 도전했다가 실패했을 때 남들로부터 비난과 조롱을 받을 것을 걱정하기 때문이다. 반면에 끊임없이 내일을 위해 도전하는 사람은 실패를 하더라도 조금씩 발전을 거듭하게 되고 결국 성공하게 된다.

헨리 소로우는《구도자에게 보낸 편지》에서 삶에 대한 도전 정신에 대해 다음과 같이 말했다.

"시도해보고자 하는 일이 있다면 주저하지 말고 시도하십시오. 마음을 불편하게 하는 의혹은 계속 품고 있지 마십시오. 아무도 해줄 수 없는 일을 스스로에게 해주십시오. 그 밖의 다른 일은 모두 잊어버리십시오."

축구선수 박지성처럼 강한 도전정신만 있다면 어떤 목표와 꿈도 실현할 수 있다. 실패하더라도 될 때까지 계속 도전할 것이기 때문이다. 그는 훈련을 쉬고 싶다는 유혹을 물리치고 초심을 잃지 않고 끊임없이 도전해서 대한민국의 축구 영웅이 되었다.

박지성은 그의 저서《멈추지 않는 도전》에서 이야기한다.

"훈련이 계속되고 몸이 피곤해지면 하루쯤 쉬면 안 될까 하는 생각이 들곤 한다. 하지만 하루를 쉬면 그만큼 다음날 해야 하는 훈련량이 많아진다. 미리 준비하지 않으면 기회는 다가오지 않는 법이다. 그것이 내가 하루도 쉴 수 없는 이유다. 언젠가는 그들도 한 번쯤 쉴 것이고 그때 내가 쉬지 않고 나아간다면 차이는 조금이라도 줄어들 것이다. 중요한 것은 내가 쉬지 않고 뛰고 있다는 것이지 그들이 내 앞에 있다는 사실이 아니다.”

우리는 박지성을 좋아한다. 왜냐하면 그는 성실하고 겸손한 선수이기 때문이다. 우리는 그의 약점을 알고 있다. 조금만 오래 뛰어도 힘든 평발이라는 것을. 아무도 알아주지 않아 국내에서 외면당하고 일본 프로리그에 입단했던 사실을. 그러나 박지성은 환경을 탓하지 않았다. 절대 멈추지 않고 포기하지도 않았다. 그는 그것을 뛰어 넘어야 할 도전으로 받아들였다. 다른 선수들이 쉴 때도 박지성은 연습을 한 것이다. 그는 쉼 없이 뛰고 연습했으며 선수들과 소통하기 위해 외국어 공부에도 적극적으로 도전한 것이다.

우리는 박지성 선수가 해외 매스컴을 통해서 영어와 일본어로 아주 유창하게 인터뷰하는 장면을 목격하곤 한다. 모두가 박지성 선수를 좋아하는 이유이다. 그는 그라운드를 지배하기 위해서 일본, 네덜란드, 영국에서 도전에 도전을 멈추지 않고 있다.

“일단 한 번 해봐(Just do it)”

이 얼마나 멋진 광고인가? 우리 주위에서는 나이키 광고처럼 직접 행동으로 옮겨 비전을 성취한 사람들을 많이 볼 수 있다.

10대들이여! 도전하라. 일단 한 걸음 전진하라!

하고 싶은 일이나 해야만 되는 일이 있다면 당장 도전해야 한다. 처음에는 환경적으로 불완전하고 여러 가지가 부족할 것이다. 하지만 조금씩 하다 보면 익숙해질 것이고 시간이 지나면서 몸에도 맞고 자신감이 생기고 그 분야의 달인이 된다. 하고 싶은 일, 반드시 해야만 되는 일이 있다면 빠른 시간 내에 도전하라.

새로움에 도전하라! 멈추지 말고 앞으로 나아가라!

역사는 앞으로 나아가는 자의 몫이다. 자꾸 두리번거리지 말고 전진하라. 전진하다 보면 힘들 때도 있을 것이다. 그래도 앞으로 나아가라. 앞으로 나아간 걸음만큼 꿈에 가까워진 것이다.

✻ ✻ ✻　 1982년 스타벅스는 시애틀에 네 개의 점포를 소유한 작은 커피 회사에 불과했다. 하워드 슐츠는 스타벅스에 취직하면서 커피에 대한 사랑이 시작되었다. 당시 스타벅스는 원두와 분쇄커피를 봉투에 넣어 판매하는 방식만 고집했고 에스프레소 머신으로 추출한 커피는 팔지 않았다.

그로부터 1년 후 그가 커피 재료를 수입하기 위해 이탈리아 밀라노에 출장을 갔을 때였다. 그는 아침에 아담한 커피 바에 들렀다. 나이가 지긋해 보이는 남자가 커피 바에 앉아 있는 손님들과 즐겁게 대화를 나누고 있었다. 그들은 모두 아는 사이인 듯 서로

친근하게 인사를 나누며 안부를 나누고 있었다. 그 남자는 슐츠에게도 친절하게 인사를 건넸다. 바리스타의 직업정신과 사람들 간의 유대감 그리고 갓 추출한 커피의 포근한 향에 기운을 북돋아 주는 맛이 한데 어우러진 모습에 슐츠는 크게 감동 받았다. 슐츠의 가슴이 뜨겁게 뛰기 시작했다.

'밀라노의 커피 바처럼 스타벅스만의 커피 바를 만들고 싶다'

하워드 슐츠의 밀라노 출장이 오늘날 거대 스타벅스라는 꽃을 활짝 피우게 한 최초의 씨앗이었다. 밀라노에서 미국으로 돌아온 슐츠는 회사경영진에게 자신의 의견을 제안했다. 하지만 스타벅스의 경영진들 중 누구도 슐츠의 제안에 동조해주지 않았다. 정말 참담한 심경이었다.

슐츠는 1986년에 스타벅스를 그만두고 자신이 구상했던 가게를 만들었다. 뜻이 있는 곳에 길이 있다고 그로부터 16개월 뒤 슐츠는 스타벅스의 모든 경영권을 인수할 수 있었다. 그것은 마치 운명처럼 여겨졌다. 그 후 스타벅스 체인 사업에 모든 힘을 집중했다.

고객들이 친구나 지인들과 즐거운 시간을 보낼 수 있고, 젊은 사람들이 커피를 마시면서 데이트를 할 수 있는 새로운 문화 공간으로 꾸미도록 했다. 그리고 장을 보러 온 고객들도 잠깐 들러 휴식을 취할 수 있는 곳으로 인식되기 시작했다. 그의 예상대로 스타벅스는 큰 성공을 거두었다. 하워드 슐츠의 도전에서 시작된

스타벅스는 20년 만에 누구나 다 아는 세계 최고의 종합 커피브랜드로 성장했다.

　세상의 중심에 서 있는 여러분은 가슴 뛰는 일을 찾았는가? 가슴 뛰는 일을 찾기 위해서는 언제 설렘을 느꼈는지 기억해 두는 것이 중요하다. 설렌 경험이 많은 사람일수록 가슴 뛰는 하루를 보낼 가능성이 높다. 이 설렘이라는 감정은 일을 하는 데 가장 중요한 것이다. 자신의 적성이 무엇인지 이해하는 데 도움이 된다.
　그렇다면 여러분은 과연 언제 설렘을 느꼈는가? 새로운 것에 두근거린다면 그 사람은 새로운 것을 좋아하는 사람이다. 또한 어떤 형태로든 간에 설렘을 느낀다면 누구든지 몰입하게 된다. 공부를 좋아하면 열심히 하게 되어 결과도 당연히 좋아진다. 자신이 언제 설렘을 느끼는지 분명히 기억해 두고 되도록 그때 느꼈던 그 기분을 유지하려고 하게 될 것이다.
　'다른 사람에게 칭찬을 받으면 정말 기운이 난다'고 하는 사람이라면 칭찬받으려고 노력해 보라. 설렘의 감정이라는 것은 자신을 고무하는 키워드인 셈이다.

　진심으로 가슴 뛰는 일에 도전하는 스피릿이 중요한 요소가 된다. 자신이 가슴 뛰며 좋아하는 일을 해야 힘든 시련이 와도 이겨낼 수 있는 힘이 생긴다. 사람들이 열정적으로 진심으로 무언가에 도전할 때라야 비로소 장벽에 부딪히는 경험을 할 수 있다. 여기서 진심으로 임하고 있다는 것은 '무슨 일이 일어나도 괜찮아'라고 할 정도의 각오를 말한다.

가슴 뛰게 하는 꿈을 향해 갈 때는 감당할 수 없을 정도로 힘든 시련은 거의 없다. 왜냐하면 가장 어렵고 힘든 시련을 만나면 오히려 생각하지도 못했던 재능과 새로운 희망을 찾아낼 기회가 생기기 때문이다.

10대들은 누구나 아프다. 그렇더라도 무엇이 내 가슴을 뛰게 하는지 끊임없이 스스로에게 묻고 찾아야 한다. 그렇게 찾은 가슴 뛰는 꿈은 남은 인생을 지탱해줄 뿐 아니라 진짜 인생을 살게 해주는 단단한 마디가 되어 주기 때문이다. 그런 의미에서 페이스 북의 창업자 마크 주커버그에 관한 글들이 도전하는 10대들에게 많은 영감을 주고 있다.

페이스 북은 마크 주커버그가 하고 있던 10가지 프로젝트 중 하나였다. 학교의 친구나 선후배들과 함께 학내 소셜 네트워크 서비스를 개발하며 손을 대고 있던 프로젝트 중 하나가 페이스 북이었다. 페이스 북을 운영하면서 음악 파일을 공유하는 소프트웨어인 와이어 호그도 개발하고 있었다. 페이스 북은 큰일을 이루어내겠다는 원대한 비전을 품고 시작했던 계획이 아니었다. 단지 하버드 대학 친구들이 교류의 장소로서 소통할 수 있도록 도와주는 데 만족할 생각이었다.

처음에는 별 생각 없이 작은 규모로 시작했는데 어느 시기에 이르자 세상을 바꿀 수 있는 일이라고 확신하게 되었다. 그에 따라서 열정의 에너지가 화산처럼 쏟아져 나오게 되었고 가슴을 뛰게 만들었던 것이다. 나중에는 함께 하고 있던 와이어 호그를 포함한 그 밖의 프로젝트는 중단하고 페이스 북에만 집중하게 되었다. 그리고 마침내 페이스 북을 세계가 놀라게 할 정도로 급성장하게 만들었다.

독일의 철학자 헤겔은 열정의 중요성에 대해 다음과 같이 이야기했다.

"이 세상의 어떤 위대한 것도 열정 없이 이루어진 것은 아무것도 없다."

10대들이여! 박지성, 하워드 슐츠, 마크 주커버그처럼 도전을 두려워하지 말자. 도전하는 삶을 즐기자. 나이키 광고처럼 그냥 한 번 해보자. 무엇을 망설이는가. 무엇을 주저하는가. 그냥 한 번 행동으로 옮겨보자. 헤겔이 이야기한 것처럼 도전하고 행동하면서 열정을 유지하도록 하자. 열정을 유지하면서 도전을 즐기도록 하자.

신달자 시인에게 누군가 물었다고 한다.

"신달자 시인님은 왜 시를 쓰시나요?"

그러자 신달자 시인이 답했다고 한다.

"시를 쓰지 않고는 견딜 수 없기 때문이에요!"

신달자 시인이 시를 쓰지 않고서는 견딜 수 없다고 한 것은 시를 쓰는 것이 신달자 시인의 가슴을 뛰게 하는 일이었기 때문일 것이다. 피겨 스케이터 김연아에게 '당신은 왜 피겨 스케이팅을 하나요?' 라고 묻는다면 김연아는 무엇이라고 답할까?

10대들이여! 무엇이 여러분의 가슴을 뛰게 하는가? 10대들이여! 가슴 뛰는 일을 정했으면 두려워하지 말고 과감히 도전하라! 그대들에게 비전성취라는 멋진 선물이 주어질 것이다.

식지 않는 열정으로 살자

사람에게는 세 가지 타입이 있다. 주위 사람이 열정을 주어야만 행동에 옮기는 사람이 있는가 하면, 열정적으로 동기 부여를 해도 행동에 옮기지 않는 사람이 있다. 마지막으로 본인 스스로가 열정적이고 저돌적으로 행동에 옮기는 사람이 있다. 이 세 가지 유형 중에서는 본인 스스로 열정의 에너지를 불태우는 사람이 성공할 확률이 가장 높다.

누가 말을 해야만 행동에 옮기는 수동적인 사람이 아니라 자기 스스로 주도적으로 시간과 환경을 이끌어 가는 사람이 성공한다. 특히 사업을 할 때는 더욱 그렇다. 직장을 다니면 상사가 지시하는 일만 해도 전체적인 일의 진행에는 별 차질이 없을 것이다. 하지만 생존을 위한 사업을 하게 되면 누가 지시하지도 않고 또 누가 동기 부여를 해주지도 않는다. 본인 스스로 열정의 동기 부여를 받아서 사업을 성공적으로 이끌어 나가야 한다. 수동적인 자세가 아니라 열정적으로 전력투구하는 모습으로 하루하루 사업을 해야만 성공할 수 있다.

열정은 잘 알려지지 않은 성공의 비밀이라고 하지 않던가?

열정의 힘을 어찌 과소평가할 수 있겠는가? 열정은 꿈을 이루어주는 마법의 도구이다. 우리가 지속적으로 열정을 유지할 수 있다면 우리가 가지고 있는 더 많은 것을 이룰 수 있을 것이다. 명확한 꿈을 가지고 있고 꿈을 보물처럼 인식하면서 지속적으로 그 꿈을 각인할 수 있다면 놀라운 경험을 할 수 있을 것이다. 꿈에서 멀어지지 않고 꿈을 꼭 붙들어 맬 수 있는 최고의 방법은 열정적인 삶을 유지하는 것이다.

스스로 열정의 에너지를 불태우는 열정형 인간으로 살기 위해서는 절대적으로 누군가에게 의지하지 않아야 한다. 또한 지시를 받아야 행동으로 옮기는 수동적인 사람이 되지 않아야 한다. 도움을 받으면 설령 일시적인 성과를 올려도 성취감이 떨어진다. 정말 그 일에 성공하고 싶다면 자기가 갖고 있는 모든 열정의 에너지를 100% 전심전력으로 쏟아부어야 한다. 마지막 남은 1%까지 온 힘을 다해 그 일에 매진해야 성과가 나온다. 지속적으로 열정적으로 일해야 한다. 그렇지 않으면 치열한 이 세상에서 승자가 될 수 없다. 꼭 명심하라. 열정을 가지고 끝까지 달려들어야 한다.

내가 하고 있는 일에 열정을 가지면 아이디어가 떠오르지만 열정을 가지지 않으면 간단한 아이디어도 떠오르지 않는 것이다.

꿈은 당신을 배신하지 않는다. 당신이 꿈을 배신할 뿐이다. 꿈은 늘 그곳에 있다. 당신이 하고 싶고 되고 싶어 하는 그 순간부터 늘 변하지 않는 모습으로 그곳에 있다. 결코 꿈은 당신을 배신하지 않는다.

세상에는 다양한 사람들이 어울려 살아가고 있다. 하지만 그들은 겉으로 보기에는 조화롭게 살아가는 듯하지만 자세히 살펴보면 그들의 관계는 마치 물과 기름 같다. 절대 조화롭지 않다. 각자의 인생에서 도달해 있는 목적지가 다르기 때문이다. 자신의 분야에서 최고가 되거나 탁월한 성과를 낸 사람들은 성공적인 삶을 살고 있다. 그러나 그렇지 못한 사람들은 바랐던 현실과 동떨어진 삶을 살게 마련이다.

나는 원하는 삶을 살기 위해 끊임없이 도전했다. 나는 항상 누군가가 시키기 전에 능동적으로 움직였다. 다른 사람들보다 많은 시간 동안 일을 하면서도 전혀 힘든 줄 몰랐다. 오히려 그 일 속에서 나만의 가치와 동기를 부여하고 목표를 이루기 위해 혼신의 노력을 다했다. 지칠 줄 모르는 열정이 원동력이 되었다. 열정은 나의 재능을 100% 발휘하게 해주는 에너지였다.

성공에 관한 수많은 비결 중에서 단 하나만 꼽는다면 '열정'이라고 말할 수 있다. 열정이야말로 성공의 비밀이자, 성공의 열쇠이다.

10대들이여! 그대는 진정 무엇을 원하는가? 무엇이 그대의 가슴을 뛰게 하는가? 작가, 외교관, 세일즈맨, 교사, 출판 기획자, 카피라이터, 개인 사업가, 통역사, 은행원, 공무원, 프로게이머, 의사, 스포츠맨 등 매우 다양할 것이다. 그러나 이런 외형적인 것도 중요하지만 이제는 자신의 분야에서 전문가, 즉 최고가 되는 것이 더 중요하다. 최고가 될 때 나의 열정이 더 꿈틀거리게 되고 자신이 진정 원하는 것을 하나씩 이루어나갈 수 있기 때문이다. 자신감으로 중무장하고 도전의식을 고양시키는 열정이 아름다운 하모니를 이룬다면 더 멋진 일도 성취할 수 있기 때문이다.

나는 여러분에게 진부한 일상에서 벗어나 열정적인 삶을 살 수 있는 비결에 대해 얘기할까 한다.

'어떻게 하면 지속적으로 열정과 에너지를 유지할 수 있을까?'라고 질문하고 답해보라.

10대들이여! 여러분은 무엇을 할 때 설레고 흥분되는가? 무엇을 갖고 무엇을 하고 무엇이 되었을 때 기분이 좋아지는가? 무엇을 보고 듣고 느낄 때 자신감이 충만해지는가? 누구를 만나고 어떤 책을 읽을 때 에너지가 올라가는가? 산이나 바다나 들 중 어디로 갔을 때 마음이 편안해지고 숨통이 트이는가? 어디를 여행할 때 여러분은 힘이 솟는가?

나의 재능을 스스로 인정하도록 노력하자. 내가 나를 인정하지 않는데 누가 나를 인정해주겠는가? 나의 강점, 노력, 성실함, 인간적인 매력, 성격 등을 가장 잘 아는 사람은 나이지 않겠는가? 나의 강점을 인정하고 직시하는 습관을 들이자. 그리고 나를 관찰하는 습관을 들이자. 나는 언제 어디서 무엇을 누구와 함께 할 때 열정이 샘솟는지 나의 가치를 올리는 작업을 지속적으로 해보자. 만약 가능하다면 이런 일련의 작업을 메모를 하면 더욱 의미 있을 것이다.

오늘 당장 실천해보자! 나를 인정하고 나를 칭찬하는 시간을 가져보자는 것이다.

"나는 내가 좋다. 나는 나를 사랑한다. 나는 당당하다. 나는 최고다. 나는 멋진 사람이다. 나는 매력적인 사람이다."

이렇게 나를 인정하는 순간 나의 가치는 증가할 것이고 내면에 숨어있던 열정이 샘솟을 것이다.

열정에서 빼놓을 수 없는 것 중 하나가 일관성이다. 초지일관은 하나의 이치로 모든 것을 꿰뚫는다는 뜻으로, 처음 세운 뜻이나 마음을 끝까지 변하지 않고 지켜서 간직하는 것을 의미한다. 당신은 우선 영웅이 되겠다는 굳은 결의를 다져야 한다. 또한 목표한 바를 반드시 이룰 수 있다는 믿음으로 모든 열정을 쏟아붓는 일에 초지일관해야 한다.

공부에 대한 열정은 누군가를 사랑할 때의 마음과 절대 다르지 않다고 확신한다. 누구나 사랑하는 사람이 있듯이 누구나 열정을 쏟을 분야를 가지고 있다. 마치 짝사랑처럼 아직 서로 확인되지 않아 못 찾았을 뿐이지 누구에게나 있다. 자신이 행복하게 몰입할 수 있는 공부 분야를 찾아야 한다. 새벽이나 밤에도 그리고 다들 노는 주말에도 열정적으로 할 수 있는 것을 찾아내는 것이 가장 중요하다. 누군가를 열정적으로 사랑하던 때처럼 하면 된다.

누구나 성공을 꿈꾼다. 그래서 사람들은 꿈을 현실로 이룬 성공한 사람들이 쓴 책을 읽거나 그들의 강연을 듣곤 한다. 그들의 책을 보거나 강의를 듣다 보면 한 가지 공통점을 발견하게 된다. 그것은 다름 아닌 내면에 숨어있는 열정이라는 보물이다. 우리는 우리보다 먼저 성공한 사람들을 통해 자극을 받기도 하고 행동으로 옮기기도 한다. 성공한 사람들은 자기만의 성공지도를 가지고 있다. 언제나 긍정적이고 적극적인 행동으로 성공지도를 따라 움직인 결과 그들은 꿈을 이룰 수 있었던 것이다.

나의 내부에 잠들어 있는 재능을 발견하라

★ ★ ★ 발명과 발견, 이 두 가지의 다른 점은 무엇일까?

발명은 아직 존재하지 않는 것을 새롭게 만드는 것이다. 발견은 원래부터 있는데 미처 찾아내지 못한 것이나 아직 알려지지 않은 사물이나 현상, 사실 따위를 말한다. 자기 자신의 가능성이라는 것은 만들어지는 것이 아니다. 자기 자신 안에 자고 있는 것을 발견해서 끄집어내는 것이다.

내게도 어떤 소질과 재능과 가능성이 있을까 의구심을 갖는 10대들이 있는가? 절대로 그런 생각하지 마라. 여러분의 내면에는 이미 무궁무진한 잠재능력과 가능성이 잠자고 있다. 단지 그 잠재능력과 가능성을 발굴하기만 하면 되는 것이다.

마린 보이 박태환 선수는 부모님의 적극적이고 헌신적인 뒷받침이 있었기에 수영의 재능을 발견할 수 있었다.

초등학교 시절 어머니 유 씨는 박태환의 수영 선수로서의 가능성을 확인하고 아버지 박 씨와 상의 끝에 아들을 수영 선수로 키워보겠다고 결심했다. 그래서 아들에게 수영 기술을 잘 지도해줄 선생님이 필요했다. 어머니 유 씨가 동분서주 수소문한 끝에 찾아간 사람이 바로 노민상 코치였다. 어머니 유 씨는 노민상 코치가 태환의 잠재력을 키워 줄 수 있을 것이라고 판단했다.

바로 노민상 코치가 박태환 선수를 세계적인 선수로 키운 장본인이다. 어머니 유 씨는 노민상 코치를 자주 만나고 적극적으로 설득했다. 그 후 노민상 코치는 박태환 선수가 수영하는 모습을 보고 깜짝 놀라 제대로 키워보겠다고 결심했다.

3년 정도 노 코치에게 전문적인 기술을 전수받은 박태환 선수는 처음 출전한 소년체전에서 다른 친구들에 비해 탁월한 실력으로 일찌감치 주목을 받게 되었다. 학년이 올라갈수록 수영 실력은 더욱 성장했다. 중학교 3학년 시절 만 열네 살이던 태환은 2004년 아테네 올림픽에 최연소 국가대표로 발탁되었다.

그러나 첫 올림픽에서 부정 출발이라는 생각지도 못했던 시련을 만나게 되었다. 그 후 심기일전해서 2006년 우리나라 선수로서는 처음으로 세계선수권대회에서 두 개의 은메달을 획득했다. 그 해 여름 범태평양수영대회에서는 금메달 두 개와 은메달 한 개를 획득하면서 세계적인 스타로 급부상하게 되었다. 여기에서 끝나지 않고 2006년 12월 아시안게임에서 금메달 세 개, 2007년에 열린 세계수영선수권대회에서는 자유형 400미터에서 금메달을 차지했고 드디어 2008년 베이징올림픽 400미터에서 수영 사상 처음으로 금메달을 획득해 세계 최정상 선수들과 어깨를 나란히 하게 되었다.

여러분의 내부에는 아직 발견하지 못한 무한한 능력이 숨어있다. 즉, 자기도 알지 못하는 거대한 거인이 잠들어 있는 것이다. 이 거인은 여러분이 원하는 것은 무엇이든 할 수 있게 도와준다.

그러나 유감스럽게도 대부분의 사람들은 자신의 내부에 잠들어 있는 잠재력을 발견하지 못하고 있다. 세상의 모든 성공자들은 자신의 무한한 능력을 발견했던 사람들이다. 그들은 비록 어려운 현실에 처해 있더라도 원대한 꿈을 잊지 않고 잠들어 있는 거인을 깨웠다. 때문에 거인의 도움으로 자신이 원하는 성공을 이룰 수 있었던 것이다.

성공자와 실패자의 차이점은 우리가 생각하는 것처럼 그렇게 크지 않다. 오히려 그 반대이다. 그 차이는 바로 자신의 가슴속에 잠들어 있는 무한한 가능성을 깨닫느냐, 그렇지 않느냐의 차이일 뿐이다.

실패자들은 자신의 무한한 가능성보다는 실패에 더 많은 관심을 가졌던 사람들이다. 그들은 어떤 계획을 세워도 성취할 수 있다는 긍정적인 생각보다는 실패에 대한 두려움 때문에 부정적인 생각에 사로잡혀 있었다. 그래서 대부분의 실패자들은 계획을 제대로 실천에 옮기지도 못한 채 포기했던 것이다. 실패자들은 실패 속에서 성공의 씨앗을 발견한다는 것을 알지 못했던 것이다. 그래서 단순히 실패가 주는 고통에 지레 겁먹은 채 쉽게 해낼 수 있는 일조차 이룰 수 없었던 것이다.

지금 당장 내면에 잠자고 있는 거인을 깨워야 한다. 그러면 거인은 자신을 깨워준 여러분을 돕기 위해 온갖 노력을 아끼지 않을 것이다.

하지만 거인을 깨우기 위해서는 자신이 꿈꾸는 것이 무엇인지 제대로 알고 또한 자신에 대해서도 잘 이해해야 한다. 자신의 장단점과 성향 등을 제대로 알고 있어야 보다 쉽게 거인을 깨울 수 있기 때문이다.

밭에 씨앗을 뿌려야 곡식을 얻을 수 있다. 이처럼 성공의 씨앗인 자신의 가슴속에 잠들어 있는 무한한 능력을 가진 거인을 깨워야 한다. 그렇게 하기 위해서는 사람들과 자주 만나고 부족한 것은 부탁하며 적극적으로 움직여야만 자신의 재능을 깨울 수가

있다. 거인을 깨우지 않고서는 어떤 원대한 계획이 있어도 원하
는 대로 성취할 수 없다.

자신의 분야에서 최고의 성과를 내거나 결국에 성공한 사람들
의 비결은 '적극적인 움직임'에 있다. 그런 모습으로 성공자들은
자신의 잠재력을 발휘한다. 보통 사람들이 책 몇 권을 파고들 때
성공자들은 더 많은 책을 파고드는가 하면 저자들에게 메일을 보
내거나 직접 만나서 원하는 답을 듣는다. 이처럼 보통 사람들과
성공자들은 일을 대하는 스타일이 다르다.

괴테는 말했다.

"어떻게 해야 자신을 알 수 있을까? 그것은 사고가 아니라 오
직 실천을 통해서만 가능하다."

대부분의 사람들은 평생 자신에 대해 충분히 알지 못한다. 자신
의 잠재력이 얼마나 큰지 이해하지 못하기 때문이다. 행동하지
않고 어떻게 알 수 있겠는가? 생각하는 것만으로는 자신의 잠재
력을 정확히 알 수 없다.

요즘 같은 시대에는 무엇이든 지나치다 싶을 정도로 경쟁이 치
열하다. 여러분이 하지 않는 일을 다른 사람들은 한다.

여러분은 너무 느린데 남들은 선두에 오르려고 전력 질주한다.
현대 사회에서는 무엇을 하더라도 적극적이어야 하며 열정적이
어야 한다. 빨리, 더 빨리 해야 한다! 죽는 것 외에는 무슨 일이든

빨라야 한다. 인생에는 재생은 있어도 다시 감기는 없다. 인생을 다시 살 수 없다는 말이다. 한 번 가버린 시간은 후회해도 늦다.

내가 하고 싶은 것이 결정되고 나의 재능을 발견했다면 바로 행동으로 옮겨야 한다. 언제까지 계속 생각만 할 것인가? 무엇인가 마음속에 끌림으로 다가와 목표를 세웠다면 도전하는 것이다. 도전을 하다 보면 내부에 잠재되어 있는 재능을 제대로 발견할 수 있는 단초를 찾을 수 있을 것이다.

말보다 행동을 앞세워라

✮ ✮ ✮ 어떤 농부가 수레를 끌고 시장에 가고 있었다.

수레에는 시장에 내다 팔 술통이 실려 있었다. 술통들은 조용히 자리를 지키고 있었다. 그런데 그중 아무것도 담기지 않은 빈 술통만이 유독 몸을 이리저리 흔들며 시끄럽게 떠들었다. 다른 술통들은 다들 참고 있었지만 참다못한 나이 지긋한 술통이 시끄러운 빈 술통을 향해 한 소리 호통을 쳤다.

"넌 왜 그리도 잘난 체를 하느냐? 모두 울퉁불퉁한 시골길을 꾹 참고 견디면서 가고 있는데 왜 유독 너만 시끄럽게 떠드는 것이냐? 읍내 장터까지 술을 담고 가는 것은 우리지 네가 아니다.
아무래도 네가 그리도 시끄러운 것은 술을 담지 않아 속이 텅 비
어서 그런 것 같구나."

빈 수레가 요란하다는 말이 있다. 우리 주위에는 빈 술통처럼
말로만 요란스러울 뿐 정작 실천은 하지 않은 사람이 많다. 행동
하지 않고 말로만 성공할 수 있는 일은 아무것도 없다. 반드시 몸
을 움직여 행동으로 보여야 한다. 그렇지 않으면 공허한 빈 수레
처럼 요란스럽기만 할 뿐이다. 성공한 사람들은 말보다는 행동으
로 자신의 능력과 진정성을 보였다. 꿈을 갖고 목표를 세웠다면
말만 하지 말고 과감히 행동해야 한다.

행동의 중요성을 2,500년 전에 공자는 어떻게 이야기했을까?
"子貢問群子한대 子曰 先行其言이요 而後從之니라 ; 자공이 군
자에 대해 묻자 공자께서 말씀하시기를, 먼저 말하고자 하는 바
를 실천하고 그 뒤에 말을 해야 한다."
공자의 제자인 자공은 언변이 뛰어난 사람이었다. 그가 군자에
대해서 공자에게 '어떤 사람이 군자입니까?' 하고 물었다. 그러
자 공자가 '말을 앞세우지 않고 먼저 실행하는 사람이다' 라고
답했다. 즉 군자는 자신이 말하고자 하는 바를 먼저 행동으로 옮
기고 그 행동한 것에 좇아 말해야 한다. 그러므로 사람은 행동보
다 말이 앞서지 않아야 한다.

행복하고 풍부하게 성공한 사람은 어떤 것을 해야 한다고 생각하면 바로 실행하는 습관이 있다. 생각과 행동의 간격이 거의 없기 때문이다. 매일 무언가 하나씩 정해서 바로 행동에 옮기는 것이다.

이것은 그만두어야겠다고 생각하는 것 하나를 정해보자. 그리고 그것을 하지 않도록 노력해보자. 금연이나 야식 등과 같은 좀처럼 그만두기 힘든 것을 하나 정해서 도전해보자. 우선 간단한 것을 하나씩 정해서 그것을 하지 않도록 결심하고 행동에 옮기는 것이다.

시인 킴벌리 커버거의 '지금 알고 있는 걸 그때도 알았더라면'이라는 시의 일부이다.

'지금 알고 있는 걸 그때도 알았더라면

나는 분명 춤추는 법을 배웠을 것이다.

내 육체를 있는 그대로 사랑했을 것이다.

나와 인연을 맺은 사람들을 신뢰하고

나 역시 그들에게 신뢰받는 사람이 되었을 것이다…….'

지나간 것을 후회하는 사람들을 보면 해야 한다는 것을 알면서도 하지 않았을 때 가장 많이 후회한다. 하지 못했던 것을 후회하는 것이다. 하고 싶은 일이라면 지금 당장 행동에 옮겨야 한다. 무엇인가 결단했다면 지금 바로 실행하라.

큰 꿈과 구체적인 목표를 세우는 것은 매우 중요하다. 그러나 그것을 성공과 실패로 나누는 것은 실행력이다. 똑같은 목표를 갖고 있는 조건이라면 어떻게 실행하느냐에 따라서 그 결과가 달라지는 것이다. 때문에 실행력의 역할은 매우 중요하다.

미래학자 조엘 바커는 말했다.

"실행이 없는 비전은 꿈에 불과하다. 비전이 없는 실행은 시간 죽이기에 불과하다. 실행이 따르는 비전만이 세상을 바꿀 수 있다."

아무리 훌륭한 전략과 비전을 내놓아도 행동하지 않으면 아무 일도 일어나지 않는다. 우리는 프로가 되고 싶어 한다. 어느 한 분야에서 최고가 되고 싶다는 꿈은 누구에게나 있는 것이다. 그러나 그렇게 최고가 되고 싶다고 말하고 계획만 세워서는 안 된다. 구체적인 실행 목표와 더불어 행동으로 옮겨야 한다. 대부분의 사람들이 목표의 설정을 비전의 성취로 오해하고 있다. 목표를 정하는 것도 중요하지만 정한 목표를 실행으로 옮겨야 원하는 성과가 나오는 것이다.

독일 문학의 거장인 괴테는 어느 날 그의 비서이자 작가지망생이었던 에커만에게 이런 말을 했다.

"처음부터 대작을 쓰려고 하지 마세요. 그런 과욕 때문에 많은 시인들이 고민했고 나도 그랬습니다. 그러나 나는 곧 그래서는 안 되며 그럴 수도 없다는 것을 깨달았습니다. 만일 내가 이것을 조금만 더 빨리 깨달았다면 백 권의 책을 더 쓸 수 있었을 것입니다.”

아는 것이 힘이라는 말을 들어보았을 것이다. 아는 것을 글로 쓴다는 것은 행동하는 것이다. 처음부터 대작을 써서 베스트셀러가 될 수는 없다. 처음에는 짧은 문장이라도 잘 쓰고 계속해서 글을 쓰다 보면 책도 출간할 수 있게 된다. 그런 행동 하나하나가 모여서 베스트셀러의 꿈을 실현시킬 수 있는 것이다.

그러므로 지금 당장 아는 것을 글로 표현해야 베스트셀러가 될 수 있다. 지금 당장 행동하지 않고 내일로 미루는 게으름은 베스트셀러의 꿈을 더욱 멀어지게 할 뿐이다.

경영의 아버지라 불리는 톰 피터스는 그의 책 서문에 이렇게 적었다.

“내가 죽고 난 뒤에 내 묘비에 이런 문구가 씌어진다면 내 인생은 실패작이 될 것이다. 톰 피터스(1942-0000). 그는 뭔가 멋진 일을 할 수도 있었지만 상사 때문에 그렇게 하지 못했다, 혹은 그는 부자였다, 그는 유명했다, 그는 무엇이 옳은지 알고 있었다 따위의 문구도 싫다. 내가 진정으로 내 묘비에 새겨지길 원하는 문구는 바로 이것이다. 톰 피터스, 그는 진정 행동가였다.”

성공한 사람들에게는 공통적인 특징이 있다. 바로 빠른 행동력과 단호한 결단력이다. 어떤 일에 대해 결정할 때 신속하게 정보를 수집해서 그에 따른 이익을 따져보고 바로 결단해 곧바로 실행해서 결과를 본다. 그 결과에 따라 차후 조치를 취한다.

실행력을 높이기 위해서는 주위 사람들에게 자신의 비전을 수시로 말하는 것이 좋다. 같은 말을 반복해서 들려주면 스스로의 마음속에 각인된다. 계속 반복하다 보면 자연스럽게 신념으로 바뀌게 된다. 어떤 일에 대한 확고한 믿음이 생기면 불가능도 가능으로 변화시키는 기적을 낳는다.

영국의 극작가 조지 버나드 쇼의 묘비에는 '우물쭈물하다가 내 이럴 줄 알았지'라고 씌어 있다. 하지만 그 묘비의 문구를 그대로 해석해선 곤란하다. 버나드 쇼는 자신의 묘비에 씌어진 것과 달리 열정을 다해 살았던 사람이기 때문이다. 그는 극작가, 소설가이자 비평가로 치열하게 활동했을 뿐 아니라 오스카상과 노벨상을 함께 받은 유일한 사람이다. '백문이 불여일견'이란 말처럼 백 번 생각해봤자 한 번 행동으로 옮긴 것만 못한 법이다. 말로 떠벌이고 다닐 시간에 전심전력으로 지금 맡겨진 일에 집중하면 좋은 성과가 있을 것이다.

생각만 해도 모든 것이 이루어진다면 모든 사람이 행복할 것이라고 생각하는 사람이 있다고 해도 이상한 일은 아닐 것이다. 왜냐하면 사람은 자기 자신이 생각한 대로 이루어지기 때문이다. 하지만 '이번 시험에서 만점을 받으면 좋겠다' 라든가 '사랑하는 사람과 잘 되었으면 좋겠다' 라는 생각만으로 잘 될 수는 없는 것이다. 그것을 현실로 만들기 위해서는 전심전력으로 행동해야만 한다는 사실을 잊지 말아야 한다.

중요한 것은 꼭 이루고 싶다는 의지이다. '반드시' 라는 의지를 가지면 그것을 달성하는 데 필요한 모든 행동이 나온다.

젊어 고생은 사서 한다

 "오소야천 고다능비사(吾少

也賤 故多能鄙事)"

'젊어서 고생은 사서도 한다'는 공자의 논어에 나오는 말이다.

공자는 자기 자신이 다재다능한 이유를 불우한 환경에서 찾고

있다. 어려서 힘들게 고생하며 자라다 보니 이것저것 가리지 않

고 많은 경험을 하게 되어 자기의 재능을 발견하게 되었다는 것

이다. 그러면서 경험이 쌓이게 되고 지혜가 생겼다고 한다. 또 어

려서 고생을 했기에 인내심과 겸손이 몸에 배었다. 공자가 음악

의 달인이었고 예를 중시한 것도 어린 시절의 환경과 무관하지

않은 것이다.

공자는 나쁜 환경을 탓하지 않고 오히려 적극적으로 대응함으로써 개인적인 성장과 성숙의 발판으로 삼았다. 자신에게 운명처럼 몰아치는 어려운 일들을 불평하지 않고 최선을 다함으로써 자신도 모르는 사이에 지식과 지혜가 쌓여갔던 것이다.

오늘도 어려운 환경에 처한 사람들에게 공자의 진솔한 인생고백은 사막의 오아시스처럼 희망을 샘솟게 한다. 어린 시절뿐만 아니라 치열한 삶의 현장에서 고난의 강을 건너는 모든 사람들에게 공자의 이 말은 위로와 희망이 될 수 있을 것이다. 공자의 이야기는 우리에게 많은 것을 생각하게 한다. 주어진 환경을 바꿀 수는 없다. 그러나 환경에 반응하는 나의 생각이나 행동은 내가 조절할 수 있는 것이다.

2000년 3월 25일, 나는 단돈 50만 원을 들고 지인도 없는 일본에 가게 되었다. 일본 생활은 고독과 궁핍의 연속이었다. 원대한 꿈은 있었지만 가진 돈이 없었기에 여러 아르바이트를 전전해야만 했다. 일본에서 경험했던 여러 가지 아르바이트와 이 일들의 힘든 점을 소개해보겠다.

일본에서 처음으로 했던 일은 전단지를 돌리는 일이었다. 일본말을 못했기 때문에 아르바이트 면접을 열네 곳에서 거절당하고 결국 할 수 있었던 일이 일본말이 필요 없는 전단지 배포였다. 비오는 날이면 어깨에 메고 다니는 가방이 무척 무거워 어깨가 정말 아파서 집에 돌아오면 얼음찜질을 매일 했다.

다음으로 했던 일은 동경신문을 새벽과 오후에 배달하는 일이었다. 비오는 날이나 눈이 오는 날에는 죽음이었다. 그리고 또 했던 일이 신문 영업과 확장하는 일이었다. 말 그대로 신문을 구독할 수 있도록 영업을 하는 것이었다. 일본말을 할 수 없어 무척 힘들었다. 신문 영업과 같이 했던 일이 신문 구독료 수금이었다. 의외로 구독료를 주지 않는 고객이 많아 힘들었다.

또 야키니쿠 집에서 손님들이 고기를 굽고 난 철판을 원래의 색이 나올 때까지 열심히 세척하는 일도 했었다. 이 일은 손가락부터 시작해서 팔과 어깨까지 통증이 심했다.

라면집 홀 주방에서도 일을 했다. 냄새나는 화장실 청소도 했다. 이 일에서 가장 힘든 일은 맛있는 라면국물을 만들기 위해 장장 8시간 동안 돼지뼈와 소뼈를 사람 키 정도 되는 큰 스테인리스 통에 넣고 육수를 우려내는 작업이었다. 용광로가 따로 없었다. 한여름에 밖은 30도 이상이 되고 에어컨을 강하게 틀어도 주방 온도는 40도 이상이었다. 땀은 비 오듯 쏟아지고 힘이 쭉쭉 빠졌다. 주방과 홀이 개방되어 있었기 때문에 손님이 없으면 홀에 나가서 에어컨의 시원함을 느낄 수 있었지만, 손님이 오면 40도 이상의 주방에서 땀을 줄줄 흘리며 주문을 기다려야 했다.

일본에는 파친코가 지역마다 엄청 많다. 파친코 가게는 보통 영업을 저녁 늦게까지 한다. 새벽에는 영업을 하지 않기 때문에 새벽까지 기다려서 청소를 했다. 목을 뒤로 넘기고 천장에 광택을 내야 했다. 아프도록 천장을 광택 내는 일이었다.

편의점에서는 물건을 판매하고 정리했다. 특히 점심시간이 되면 전쟁터나 다름없었다. 한 순간에 손님이 밀려들어오면 당황스러웠다.

신주쿠 프린스 호텔 빵집에서 일을 할 때는 더워서 죽는 줄 알았다. 우리나라에 있을 때 제빵자격증을 취득한 덕택에 빵집에서 일을 할 수 있게 되었다. 빵을 만드는 기술도 배우고 일본말도 배우면 일석이조라고 생각해 매우 기뻤다. 하지만 인기리에 방송되었던 제빵 왕 김탁구처럼 드라마틱한 장면은 찾아볼 수 없었다. 빵집에서는 절대 입과 머리카락이 보이면 안 되고 절대 말도 해서는 안 되었다. 일본말을 잘 못했기 때문에 말을 안 하는 게 좋을 수도 있었지만 그래도 일본말이 주위에서 들려야 일을 하는데도, 일본말 공부에도 도움이 될 거라는 생각에 아쉬웠다.

새벽에는 캔 공장에서 일을 했다. 저녁 8시에 캔 공장에 출근해 12시간 동안 일을 하고 다음날 아침 8시가 되어야 퇴근했다. 열 손가락을 다 사용해서 캔 뚜껑에 손가락을 집어넣고 상처가 있는 캔을 구별하는 작업이었다. 정말 단순 반복되는 일이었다. 그래서인지 눈이 많이 아팠다. 이 캔 공장을 마지막으로 새벽에 하는 일은 나와 맞지 않다는 것을 알게 되었다.

하마마쯔쬬 역 근처 회사 전용식당에서 한 일은 새벽 6시까지 출근해서 회사원들의 점심식사를 준비하는 일이었다. 12시가 되면 회사원들이 벌떼처럼 몰려나와서 식사를 했다. 정말 전쟁터가 따로 없었다.

그리고 일본어와 한국어를 통역하는 일도 했다. 우리나라 기업인 LG화학 간부들이 일본의 창틀 새시 전문회사인 토스템의 본사와 공장을 방문했을 때 일본어와 한국어를 통역하는 일을 하게 되었다. 이 일이 내가 한 아르바이트 중에 가장 쉬운 일이었다.

내가 지금 이 자리에 있을 수 있는 것은 지인도 없는 일본에서 온몸으로 부딪치며 경험한 결과물이다. 그런 소중한 경험들이 있었기에 더 인생이 풍부해지고 행복해진다.

10대들이여! 지금 그대의 환경은 어떠한가? 지금 버거울 정도로 힘든 환경인가? 아니면 마음이 아픈가?

환경을 탓하지 말고 행동을 하자. 행동을 반복하면 능력이 되고, 능력이 숙성되면 신념과 가치관이 나를 지탱해줄 것이다. 신념과 가치관이 지속되면 나에 대한 정체성도 명확해질 것이다. 서울대 김난도 교수가 이야기했듯이 아프니까 청춘인 것이다. 나의 지금의 환경을 나의 아픔을 뛰어넘어 도전할 기회로 그리고 성장의 기회로 삼아보자.

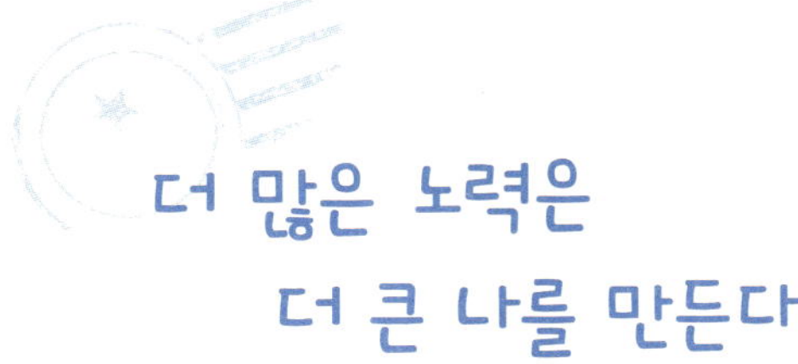

더 많은 노력은
더 큰 나를 만든다

✱ ✱ ✱ 한 사람의 젊은이와 고명한 철학자가 나눈 문답이다.

"사람에게 가장 큰 기쁨은 무엇입니까?"

"목표를 설정하고 그것을 실현하기 위해 끊임없이 노력하는 것이다."

이것은 누구에게나 해당되는 것이라고 생각한다. 삶의 기쁨은 아주 많을 것처럼 보이지만 목표를 설정하고 그것을 달성하기 위해 노력할 때가 가장 즐거운 법이다. 그 정점에 목표달성이라는 것이 있다. 운동선수들은 올림픽에서 메달을 따는 목표가 있기

때문에 고된 훈련도 견딜 수 있다. 목표를 가지고 노력하는 것만큼 뿌듯함을 주는 것도 없다

위 문답에서 고명한 철학자가 한 이야기가 귓전을 맴돈다. 우리 모두는 매일 가장 큰 기쁨을 누리며 살아갈 수 있다는 말이 아닌가? 가장 큰 기쁨과 즐거움을 누리며 사는 것이 멀리에 있는 거창한 것이 아니라 아주 가까이에 있음을 말하는 것이다. 우리는 진정 원하는 것을 목표로 설정할 수 있다. 그리고 설정한 목표를 이루기 위해서 끊임없이 노력할 수 있다.

토머스 에디슨은 천재는 99퍼센트의 노력과 1퍼센트의 영감으로 만들어진다고 했다. 우리가 에디슨을 존경하는 이유도 아마 이런 긍정적인 사고방식 때문일 것이다. 에디슨은 어떤 일을 시작하면 끊임없이 연구하고 노력했다는 것을 우리는 잘 알고 있다. 전구 발명은 어떻게 했는가? 1만 번의 실험을 통해서 완성했다고 하지 않았는가? 중간의 실패를 실패로 생각하지 않고 목표를 이루기 위한 노력의 과정이라고 생각했던 것이다. 최선을 다해 노력했다면 설령 그것이 잘 되지 않았다 하더라도 자신이 얼마나 열심히 했는지는 그 누구도 아닌 자신이 제일 잘 알고 있다.

'안타제조기'로 불리던 재일교포 장훈 선수는 3,000번째 안타로 훈장을 받으며 훌륭한 성적을 남긴 것에 대해 '나 자신을 칭찬해주고 싶다'고 말했다고 한다. 이는 가슴속에서부터 우러나

온 스스로를 향한 노고에 대한 치하인 것이다.

내가 얼마나 노력했는지는 본인이 다 알고 있다. 중간에 힘들어 지쳤을 때도 내가 어떤 마음가짐으로 노력을 해왔는지 내가 제일 잘 알고 있는 것이다. 나 자신이 정말로 후회하지 않을 정도로 값진 땀방울을 흘리며 노력했을 때, 그런 나를 인정하는 나에게 던지는 격려의 메시지를 어찌 과소평가할 수 있을까. '열심히 했구나', '장하다' 하고 자신을 격려하는 것이다. 이것이 내 안에서 큰 자신감이 되고 마지막까지 전력을 다했다는 자신감이 성공으로 이끄는 원동력이 된다. 자신에게 박수를 보낼 수 있는 사람이 된다는 것은 자신을 소중히 할 줄 아는 사람이 된다는 것이다.

성공하는 데 필요한 것은 뛰어난 재능보다는 노력이다. 일을 해나가는 힘보다는 그 일을 끈기 있게 정열적으로 해나가려는 노력이 더 필요하다. 내가 기울인 노력에 대해서 앞으로는 나를 인정해주고 나를 칭찬해주자. 새로운 도전에 대한 긍정의 힘이 생길 것이다.

'日新又日新(일신우일신)'

'날마다 새롭다' 는 뜻으로, 이것은 매일매일 발전된 삶이 될 수 있도록 끊임없이 노력하며 살라는 말이다. 日就月將(일취월장)이나 日進月步(일진월보)도 비슷한 의미를 가지고 있는데, 이것들은 모두 '나날이 발전해 나간다' 는 뜻을 가지고 있다.

‘천리 길도 한 걸음부터’라는 속담이 있다. 일을 할 때는 시작이 중요하다는 말일 것이다. 산을 오를 때도 처음이 중요하고 계단을 오를 때도 처음이 중요하다. 무언가 결단을 했으면 한 걸음 앞으로 나아가는 것이 중요하다. 한 걸음이 나의 노력의 시작인 것이다. 한 걸음을 내딛는 것이 자신감의 표현인 것이다. 시작하는 한 걸음이 나를 행동으로 이끄는 것이다. 주저하지 말고 시작하자. 시작했으면 끊임없이 앞으로 나아가자. 왜 힘들지 않겠는가. 어떻게 시행착오를 겪지 않을 수 있겠는가. 그러나 쉼 없이 앞으로 계속 나아갈 때 돌파구가 만들어지는 것이다.

성공자라고 해서 반드시 뛰어난 재능을 지닌 사람들은 아니다. 물론 마이클 조던처럼 타고난 재능으로 성공한 사람도 있다. 하지만 별다른 재능 없이 노력 그리고 끈기로 성공한 사람들도 매우 많다.

예를 들어, 켄터키프라이드치킨(KFC)의 창립자 커넬 샌더스 대령이 있다. 그는 철도회사에서 은퇴할 때까지도 훗날 전 세계적으로 뻗어나가게 될 이 사업을 시작조차 하지 않고 있었다. 그는 60세가 넘은 나이에 자신의 치킨요리 비법을 팔기 위해 수개월 동안 수많은 식당을 찾아다녔다. 그 과정에서 그는 수많은 거절을 당했다. 그는 또 호텔에서 잘 돈이 없어 차 안에서 잠을 자기도 했다. 그렇게 500여 군데 식당에서 거절을 당한 뒤에야 그를 측은하게 여긴 어느 친절한 식당주인을 만나 요리비법을 보여줄 수 있었다.

물론 지금은 전 세계에 수만 개의 켄터키프라이드치킨(KFC)의 프랜차이즈 점포들이 들어서 있다. 하지만 오늘날 샌더스라는 이름이 널리 알려진 이유는 그가 세계 최고의 요리사였기 때문만은 결코 아니다. 또한 그는 세계적으로 훌륭한 사업가도 아니었다. 만약 그에게 그러한 재능이 있었다면 그가 40여 년 동안 몸담았던 철도회사를 자신이 소유했을지도 모른다.

그는 엄청난 인내와 끈기로 성공을 이루어낸 것이다. 또 그가 이룬 성공이 자신을 유명하게 만든 것이다. 그를 정상에 올려놓은 것은 재능이 아니라 노력과 끈기였다.

어느 성공자가 말했다.

"인생은 장거리 경주가 아니다. 그것은 수많은 단거리 경주를 하나씩 치르는 것이다."

얼마 전, 29세라는 나이에 최연소로 서울대 경영대교수로 부임했던 조동성 교수의 인터뷰 기사가 감동적으로 다가와서 간략하게 소개한다.

"끈기를 가지고 한 우물을 파야 합니다. 제가 29세 최연소 서울대 경영대교수로 부임하니 주위에서 얼마나 하다 그만둘지 두고보자는 말도 하더군요. 하지만 28년째 봉직하고 있지 않습니까.

선친께서 학계, 공직, 정계 두루 활동하신 것에 우리 어머님이 질리신 탓인지 저에게 늘 강조하신 말씀이 '한 우물을 파라' 는 것이었지요."

성공으로 가는 지름길은 없다. 현재 자기 위치에서 확고한 신념을 가지고 최선을 다해 노력하는 것이 성공자들이 말하는 성공 진리다.

월드컵 4강 신화를 이루었던 전 국가대표팀 축구감독 거스 히딩크는 이야기한다.

"실력이 떨어지면 남보다 더한 노력으로 이를 보충하면 되는 것이다. 가장 중요한 것은 스스로 하고자 하는 의지이다."

피에르 쌍소는 《느리게 산다는 것의 의미》에서 우리가 목표를 정하고 앞으로 나아갈 때 지치지 않는 노하우를 공개하고 있다.

"지칠 줄 모르는 사람들이 있다. 그들의 특성 가운데 하나는 그들의 에너지가 결코 고갈될 줄 모른다는 것이다. 자신의 한계를 극복하겠다는 흥분감, 기쁨과 고통이 뒤섞여 있는 바로 그 흥분감이 그들로 하여금 한계량 이상의 에너지를 방출하게 만드는지도 모른다. 그들의 에너지는 흥분하게 되면 왕성한 분출로 고갈되기는커녕 오히려 더욱 흘러넘친다."

성공자와 실패자의 차이점이 있다면 무엇일까? 그것은 바로 자신의 일에 대한 넘치는 에너지일 것이다. 10대들이여! 지금 하고

있는 공부가 힘들다고 포기하지 말고 더 집중하고 에너지를 쏟아
부어라.

　명확한 목표를 정한 뒤의 일을 향한 에너지는 자신의 한계에 맞
설 때 솟아난다. 내가 노력하는 과정에서 한계라고 생각하는 장
벽을 만날 수 있다. 그러나 한계를 한계라고 인식하지 않고 더 많
은 노력을 쏟을 때 우리는 더욱 크게 성장하는 것이다. 에디슨,
장훈, 커넬 샌더스, 히딩크, 조동성, 피에르 쌍소는 이야기한다.
더 많은 노력은 한계를 한계로 인식하지 않고 앞으로 나아가게
하는 마법의 도구 역할을 해서 우리를 더 훌륭한 사람으로 변모
하게 한다고.

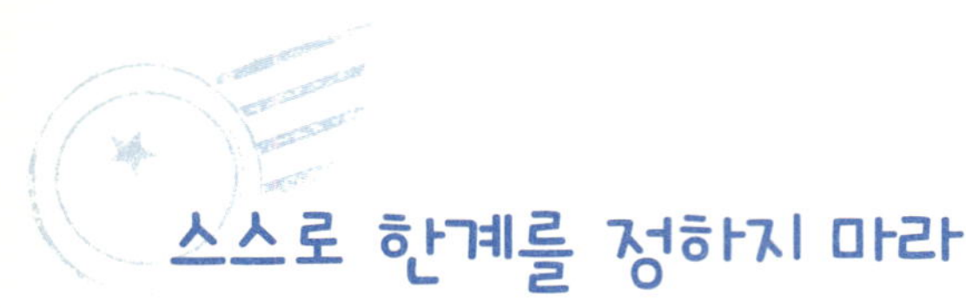

스스로 한계를 정하지 마라

★ ★ ★ 필자는 일본에서 10년 동안 살았을 때 키쿄조지라는 공원에 자주 갔다. 그곳에는 넓은 호수가 있어 그 호수를 바라보며 책을 읽기에 아주 좋은 곳이었다. 그 호수에는 일본인들이 많이 기르는 관상어 중 하나인 코이라는 잉어가 무척 많았다.

이 잉어는 작은 어항에 넣어 두면 7cm 정도이고, 큰 수족관에 넣어 두면 20cm 정도가 되고, 강물에 방류하면 100cm 정도까지 자란다고 한다. 강물에 사는 잉어처럼 더 성장할 수 있는데 작은 어항이나 큰 수족관 정도에 머물며 도전을 멈추어버리는 것이다.

스스로 어항이라는 한계를 만드는 것이다. 도전을 통해 그 한계를 돌파해야 한다.

도전의 핵심은 부딪히는 것이다. 맨 땅에 헤딩하는 것이다. 도전은 미지의 세계로 나가는 것이다. 도전을 하기 위해서는 나 자신이 중무장되어 있어야 한다. 부정적인 생각과 두려움을 떨쳐버려야 한다. 우리는 항상 해오던 것에 익숙하다. 가보지 않은 곳을 가는 것에는 두려움이 따른다. 그래서 두려움이 있는 곳에는 가고 싶어 하지 않는다. 그냥 그 상태로 있길 원한다. 그러지 말고 한 단계 밖으로 나가라.

도전하기 위해서는 새로운 각오가 있어야 한다. 새로운 힘이 있어야 한다. 도전하기 위해 필요한 원동력은 긍정적인 믿음이다. 어렵더라도 행동으로 옮겨야 한다는 믿음이 전제 조건이다. 도전은 아주 힘든 여정이다. 그렇지만 도전을 하지 않으면 성공 또한 이룰 수 없다. 사업을 해도, 공부를 해도 언제나 도전의 연속이다. 누구나 8시간 혹은 9시간 이상 자고 싶어 한다. 그러나 공부를 해서 더 좋은 성적이 나오기 위해서는 5시간으로 줄여야 한다. 그것이 도전이다. 얼마나 힘들겠는가? 내가 나 자신과 약속하는 것이 도전이다. 도전을 통해 성과를 내야 한다.

실행의 근간에는 도전이란 밑바탕이 깔려 있다. 실행하지 않기 때문에 성공하지 못하는 것이다. 우리는 너무나 쉽게 현실의 한계를 인정하는 습관이 있다. 가장 힘든 싸움은 바로 자기 자신과의 싸움이다. 이는 그 누구보다 자신에 대해 잘 안다고 생각하기 때문이다. 그러나 우리는 생각만큼 자신을 잘 알지 못한다. 내 안에 숨어있는 무궁무진한 잠재능력과 가능성이 어느 정도인지를.

앞으로는 목표를 추진하는 과정에서 한계를 정하지 말자. 그 한계를 누가 정할 수 있단 말인가? 내가 한계를 정하지 않으면 어느 누구도 내가 하는 일에 한계를 정할 수 없다.

마케팅이나 세일즈를 하는 사람들이 즐겨 보는 책 중에 프랭크 베트거가 쓴《실패에서 성공으로》라는 책이 있다. 그는 힘겨운 인생을 살아왔고 정규교육을 거의 받지 못해 초등학교도 제대로 마치지 못했다. 그의 아버지는 그가 어렸을 때 아내와 다섯 명의 어린 아이들을 남겨둔 채 돌아가셨다. 열한 살 때부터 그는 홀어머니를 돕기 위해 매일 새벽 4시 30분에 일어나 거리에서 신문을 팔아야 했고 난방장치 수리공의 보조원으로 일하며 옥수수 죽과 탈지유로 끼니를 때우곤 했다. 그러면서 야구선수가 되었고 야구선수를 그만둔 뒤에는 우연히 보험업계에서 일하게 되었다.

안 되는 이유나 변명으로 포기할 수 있고 나만의 안전지대에 둘러싸여 그저 그런 사람으로 머물 수도 있었던 그를 보험업계의 거물로 만든 비결은 무엇일까? 그에게 도전을 성취하게 하고 성공자의 모습으로 우뚝 서게 한 것은 무엇일까? 매사에 자신이 없고 의욕이 없고 성과가 없던 그를 자신감이 있는 사람으로 이끈 비결은 무엇일까?

그는 주머니에 조지 매튜 아담스가 말한 다음과 같은 메모를 넣고 다니며 완전히 자신화될 때까지 읽고 또 읽으면서 되새겼다.

'가장 현명하고 뛰어난 세일즈맨은 자신의 성품에 대해 담백하게 진실만을 말하는 사람이다. 그는 고객의 눈을 가만히 보면서 이야기한다. 그것은 언제나 인상적이다. 그리고 처음에 판매하지 못하더라도 신뢰감을 남겨 두고 간다. 원칙적으로 고객은 진실이 아닌 수상쩍거나 약삭빠른 이야기에는 두 번 속지 않는다. 말 잘하는 사람이 판매에서 이기는 것이 아니라 가장 정직하게 말하는 사람이 이긴다. 눈빛이나 단어의 배열 또는 세일즈맨의 영혼 속에는 신뢰나 불신을 나타내는 무언가가 있다. 솔직담백한 정직이야말로 언제나 안전하고 가장 좋다.'

내가 한계라고 정하고 있는 나만의 틀, 즉 나만의 고정관념 속에서 벗어나야 한다. 이것은 프랭크 베트거의 사례에서도 알 수 있지 않는가. 그에게 있어서는 조지 매튜 아담스의 글이 하루하루 일과 삶의 활력소가 된 것이다. 자신감의 원동력이 된 것이다. 오늘 나는 나의 자신감의 원동력을 어디에서 찾고 있는가? 나를 이끌어주고 나에게 영감을 주고 나에게 자신감의 원동력이 되는 그 무엇이 있는가?

나만의 한계를 무엇일까? 나만의 안전지대는 무엇일까? 너무 익숙해져버린 나의 고정관념을 깨는 비책은 무엇일까? 남 앞에 서는 것이 너무도 낯설게 느껴지는 것은 무슨 이유일까? 내가 지레 겁먹는 것은 아닐까? 내가 미리 심호흡도 하고 미리 철저히 준비한다면 두려울 것이 무엇이 있겠는가! 내가 해당분야의 최고이고 전문가라고 믿고 행동한다면 누가 나에게 손가락질할 것인가. 그냥 묵묵히 자신감 있게 유연하게 진행하고 풀어나가면 되지 않을까.

10대들이여! 인생 목표를 이루기 위해서 각자의 위치에서 우리는 할 수 있는 최선을 다해야 한다. 내가 설정한 목표에 대해서 얼마나 치열하게 노력하고 최선을 다했는가가 의미가 있다.

성공의 정의는 무엇인가? 어떻게 성공의 정의를 한마디로 표현할 수 있단 말인가? 나 나름대로 나의 가치관에 걸맞은 성공의 정의를 몇 줄로 정리해서 적어보면 어떨까? 인생의 목표와 성공의 정의와는 아주 깊숙한 인연과 상관관계가 있을 것 같은 생각이 들지 않는가? 성공의 정의를 한마디로 딱히 표현할 수는 없지만 내가 정한 인생의 목표들을 성취하는 것도 성공의 한 단면이라고 생각해보면 어떨까? 인생의 목표를 이루기 위해서 우리는 어떤 행동을 하고 어떤 노력을 해야 하는가? 수없이 많은 것 중에서 우리는 선택과 집중을 해야 한다.

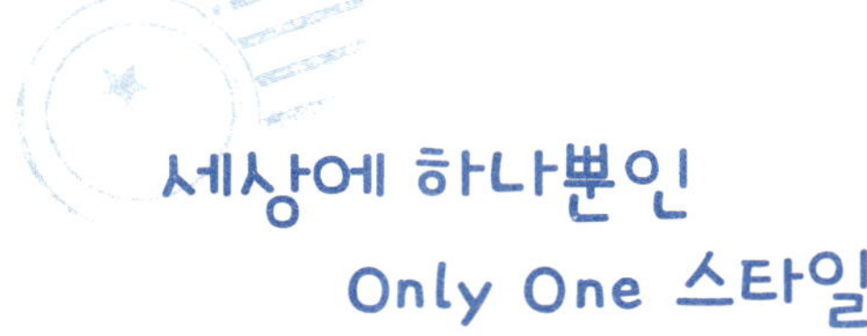

세상에 하나뿐인
Only One 스타일

　　　✦ ✦ ✦　몇 년 전에 일본에서 대히트

했던 SMAP의 世界に一つだけの花 (세상에 하나뿐인 꽃)라는 노래

는 지금까지도 일본 젊은 사람들에게 인기를 끌고 있다. 필자가

노래방에 가면 자주 부르는 18번이기도 하다.

노래 가사에는 다음과 같은 메시지가 담겨 있다.

'한 사람, 한 사람이 다른 씨앗을 가져요.

그 꽃을 피우는 일에만

전념하면 돼요.

NO.1이 되지 않아도 돼요, 원래 특별한 Only one'

이 메시지는 필자의 가슴을 뜨겁게 만든다. 실은 필자가 살아온 삶이 그렇고 앞으로도 특별한 Only one 삶을 항상 가슴에 품고 있을 것이다. 10년 동안의 일본 생활에서도 그렇고 지금 우리나라에서도 필자는 Only one의 삶을 살려고 노력하고 있다.

필자는 다른 사람이 하지 않는 것을 하고 싶었다. 다른 사람이 대신 할 수 없는, 세상에서 나만 할 수 있는 일을 하겠다고 생각했다. 그렇게 Only one 인생을 살면 NO.1 인생이 되는 것이다.

물론 이걸까 저걸까 시행착오를 거듭하면서 만들어 갈 수밖에 없었다. 당연히 잘 될 때도 있었지만 잘 되지 않을 때도 있었다. 그러나 실수했다고 해서 그것으로 인해 나는 안 돼 라고 실망할 필요는 없다.

NO.1이란 확실히 대단한 일이다. 하지만 그것은 어딘가 위험하다는 느낌이 든다. NO.1이란 것은 무엇인가와 비교해서 그중에서 제일 좋다는 말이기 때문이다. 그렇기 때문에 비교해서 좋지 않은 것은 떨어진다는 의미도 있다는 것이다. 그리고 그중에서는 NO.1일지 모르지만 그곳에 없는 것 중에는 더 좋은 것이 있을 수도 있다는 뜻이다.

1등이 되었다는 것은 다른 사람에 의해 쫓기게 되는 입장이라는 것이다. 그래서 앞으로 추격당할 수도 있는 것이다. 영원한 1등은 절대로 없기 때문이다. 그렇기 때문에 나는 NO.1보다는 Only one이 좋다. Only one은 절대적이고, 유일한 것이기에 더욱더 빛나는 것이다.

사람들은 변화를 두려워한다. 따라서 혼란을 일부러 만들려고 하지는 않는다. 자신들과 똑같이 변하지 않고 한 울타리 안에서 안정적으로 살아가기를 원하는 것이다. 하지만 재능을 계발하고 능력을 최대한 발휘하기 위해서는 변해야만 한다. 평범함에서 벗어나 진정으로 가야 할 Only one의 길을 가야 한다.

변하는 것은 성장하는 것이다. 그리고 성장하는 것은 자신을 끝없이 창조하는 것이다. 모든 사람에게는 이 세상에 태어나 살아온 목적이 있으며 신은 각 사람으로 하여금 그 목적을 추구하도록 한 것이다.

자신만의 스타일로 Only One의 삶을 개척해서 성공한 가수 박진영의 이야기 속으로 한 번 빠져보자.

박진영은 음반 기획 프로듀스를 통해 타임지가 선정한 100인에 올랐고 비, god, 박지윤, 진주, 별 등을 톱 가수로 만들었다. JYP 엔터테인먼트를 세워 박진영 사단을 이어가고 있다.

그는 예술가 딴따라 기질이 다분한 가수로, 프로듀서, 매니지먼트로 활동하더니 이젠 연기자로까지 활동 영역을 확장했다. 또한 그의 예술가적 기질은 비단 이 같은 재능에만 국한되는 것이 아니라 패션에도 그대로 연결돼 더욱 놀랍다.

박진영은 원래 김건모가 '핑계'라는 노래를 부를 때 백댄서를 했었다. 이후 작곡 공부에 빠졌다. 직접 만든 곡을 노래하고 춤추는 걸 워낙 좋아했다. 1994년 가을, 자신이 직접 만든 '날 떠나지마'로 그 전에는 볼 수 없었던 파격적인 의상과 섹시 이미지로 춤추고 노래한 첫 앨범이 30만 장 넘게 팔리게 되었다. 명문대생이 독특한 이미지와 파격적인 춤으로 예상치 못한 인기를 얻게 된 것이다. 그는 또 신인가수를 발굴해 톱 스타로 키우며 프로듀서가 되었다.

박진영은 스스로 상품가치를 높이기 위해서 누구도 나를 대체할 수 없는 Only one 스타일이 되어야 한다는 각오로 지금까지도 도전을 멈추지 않고 있다. 그는 가요계의 트렌드를 바꾸는 사람들이 가장 주목하는 진정한 가요계의 딴따라이다.

자신만의 스타일을 가져라. 자신만의 독특한 스타일을 가지는 것이 경쟁력이다. 남이 하지 않는 나만의 개성적인 스타일에 지속적으로 몰입할 때 그것이 나의 강점이 되는 것이다.

그렇다면 어떻게 해야 자기만의 스타일을 만들어낼 수 있을까? 그것은 '자신이 무엇을 최우선으로 하는가?'를 정해두는 것이다. 무엇이라도 좋다. 예를 들면 '친구가 답이다', '아침 일찍 일어나 공부하기', '언제나 긍정적으로 고맙습니다 감사합니다 100번 이상 외치기', '독서야말로 대한민국의 희망이다' 등등 이런 것에 따라 자기만의 이미지를 가지는 것을 목표로 하는 것이 중요하다.

톰 버틀러 보던은《내 인생의 탐나는 자기계발 50》에서 이렇게 이야기한다.

"저도 그렇지만 성공한 수많은 사람들은 모두 자신의 꿈과 목표를 뇌 속 깊이 각인시켰던 사람들입니다. 그들은 자신의 꿈과 목표가 이루어지지 않을지도 모른다고 생각하지 않았습니다. 물론 때로 '정말 해낼 수 있을까?', '정말 꿈이 이루어질까?' 이런 두려움과 불안에 시달리기도 했을 것입니다. 하지만 그럴 때는 더욱더 꿈과 목표에 대한 확신을 가졌습니다. 그리고 더욱더 현재에 매진했지요. 지금 여러분에게도 반드시 해내고 싶은, 해내야 할 목표들이 있을 것입니다. 두려워하지 말고 목표를 강하게 인지하고 행동으로 옮겨보세요. 여러분 자신이 목표가 될 때 보이지 않는 긍정의 기운들이 여러분의 목표를 도와줄 것입니다."

김혜남은《서른 살이 심리학에게 묻다》에서 이렇게 말한다.

"모든 사람은 각자 나름대로 자기만의 특성과 아름다움을 지니고 있다. 그것은 고유한 것으로 비교될 수 있는 성질의 것이 아니다. 그리고 인생의 목적은 남들보다 더 위에 서기 위함이 아니다. 그저 인생을 더 느끼고 더 즐기고 행복해지면 된다. 그러나 안 그래도 남과 비교할 수밖에 없는 인간으로 태어난 마당에 비교의

버릇을 또 한 번 덧대려 하지 마라."

세계적으로 유명한 저술가이자 동기부여가인 브라이언 트레이시는 강조한다.

"탁월한 인물이 가진 특성 가운데 하나는 결코 다른 사람과 자신을 비교하지 않는다는 점이다. 그들은 자신을 비교할 때 자신이 과거에 이룬 성취와 미래의 가능성과만 비교한다. 오로지 자신의 어제와 오늘을 비교해서 어제보다 더 나아지려고 노력한다면 훨씬 좋은 오늘과 내일을 만들어갈 수 있을 것이다."

삶을 계속해서 나아가는 일련의 과정으로 이해한다면 나아짐을 향한 경주를 진정으로 즐길 수 있을 것이다.

경제경영 전문가인 공병호 박사의 저서 《명품 인생을 만드는 10년 법칙》이라는 책이 있다. 그는 책에서 10년 법칙을 들어 자기 분야에서 성공하는 비결에 대해 설명하고 있다. 10년 법칙은 한마디로 10년 동안 한 우물만 파면 누구나 대가가 될 수 있다는 개념이다. 앤드류 카슨 박사의 정의에 따르면 10년 법칙이란 어떤 특별한 분야에서 세계적인 수준으로 자신을 자리매김하기를 원하는 사람이라면 그 분야에서 지속적이고 정교한 훈련을 최소한 10년 정도 해야만 한다는 것이다.

공병호 박사의 10년의 법칙에 의하면 10년을 전후한 시기를 중심으로 지식 폭발이라는 현상이 일어나게 된다고 한다. 하지만 단순히 경험했다고 해서 지식 폭발이 일어나진 않는다. 정교한 연습을 최소한 10년 동안 집중적으로 해야만 전문가로서 성공할 수 있다고 말한다. 10년 법칙의 핵심은 꾸준한 학습과 계발을 뜻한다. 자기 분야에서 집중적이고 지속적인 학습과 계발을 할 수 있느냐가 승패를 좌우한다는 것이다.

필자는 지인도 없는 일본에서 무에서 유를 만든 힘, 10년 법칙을 믿는 사람들 중의 한 사람이다. 그동안 자신의 분야에서 성공한 사람들을 만나면서 그분들이 10년 이상의 시간을 한 가지 일에 꾸준히 집중해서 학습하고 계발했다는 것을 알았기 때문이다.

안철수 교수의 강의를 우연히 들은 적이 있다. 그때 안철수 교수는 직업 만족도에 대해 이야기를 했다. 여러 직업 중에 사진작가가 1위이고 글을 쓰는 작가가 2위라고 들었다. 작업을 할 때 엄청난 몰입을 하기 때문에 그때 느끼는 기분은 말로 형용할 수 없는 기쁨이 있다고 한다.

지금 이 글을 집필하는 나도 책을 쓸 때의 기분을 공감할 수 있다. 그래서인지 계속 글을 쓰게 되는 것 같다.

그 직업 만족도를 보니 특이한 직업군이 있었다. 최하위 직업군이 모델이었다. 모델이라 생각하면 키도 크고 얼굴도 작고 예쁘고 잘생겼으니 만족도가 높을 것이라고 생각했는데 현실은 그것이 아닌 것 같았다. 일도 힘들지만 서로간의 비교의식이 많기 때문이었다.

필자의 꿈은 '실행의 대가가 되어 실행전문가를 양성하는 대안학교'를 설립하는 것이다. 변하는 것은 성장하는 것이다. 그리고 성장하는 것은 우리 자신을 끝없이 창조하는 것이다.

믿음은 기적을 만든다

✹ ✹ ✹ 믿음을 가지고 노력해야 한
다. 그냥 노력만 하는 것과 내가 하고 있는 일에 확신을 가지고
노력하는 것은 다르다.

우리는 거창하고 위대한 목표를 잘 세우곤 한다.

하지만 목표를 잘 세운다고 해서 목표를 이룰 수 있을까? 그것
은 아닐 것이다. 내가 세운 목표를 이룰 수 있는 믿음과 열정이
어우러져 매일 한 계단씩 오르는 실천이 행동으로 옮겨져야 가능
한 일이다. 나 자신과 한 번 한 약속은 어떠한 일이 있어도 지키
겠다는 강한 신념이 수반되어야만 내가 원하는 목표를 성취할 수

있다.

우리는 목표와 꿈을 이루기 위해 각자의 위치에서 최선을 다하고 있다. 하지만 시간이 지나면서 하늘과 땅 차이, 즉 승리자와 패배자로 나뉘게 된다. 모두들 성공을 열망하는데 왜 이와 같은 결과가 나타나게 되는 것일까? 무엇이 두 부류로 나뉘게 하는 것일까?

물론 다양한 원인이 있을 것이다. 그중에서 가장 큰 영향을 미치는 것은 꿈과 목표 그리고 스스로의 성공에 대한 동기 부여가 아닐까. 성공한 사람치고 꿈과 목표가 없는 사람은 없었다.

그러면서 스스로에 대한 신뢰와 확신을 가지고 지속적으로 동기 부여를 해야만 앞으로 나아갈 수 있는 것이다. 내가 나를 인정하고 믿음이 수반될 때 내가 하고 있는 일이 더욱 의미 있고 가치 있게 다가오는 것이다.

당신은 자기 자신을 좋아하는가? 나는 정말 내 자신을 너무 좋아한다. 이런 말을 하면 내가 자기중심적이라고 생각할 수도 있을 것이다. 그러나 내가 나를 인정하고 나를 좋아하는 것은 아무리 강조해도 지나치지 않다.

선택, 집중, 몰입을 통해서 강한 신념을 가지고 무에서 유를 창조해가는 안철수 교수의 사례를 보도록 하자.

안철수 교수는 대학생들이 가장 좋아하는 유명 인사 중 한 명이다. 그는 앞날이 창창한 의사의 길에서 벗어나 아무도 눈여겨보지 않던 백신 소프트웨어 분야를 개척했다. 벤처기업CEO로서 성공의 길을 갈 때 안주하기보다는 새로움을 찾아 배움을 선택했고 학생들을 가르치는 자리에 올라섰다.

지금의 안철수 교수가 있기까지는 선택과 집중이 성공의 원동력이 되었다. 안철수 교수는 무려 7년 동안 새벽에 일어나 컴퓨터 바이러스 백신 프로그램을 만드는 일을 하면서도 출근해서는 사람들에게 인정을 받으며 의사로서 일했다.

하지만 언제까지나 두 가지 일을 병행할 수는 없었다. 자신의 체력과 시간의 한계를 실감하게 되었다. 컴퓨터 바이러스 치료를 하는 일과 의사 중에 한 가지를 선택할 기로에 서게 되었다.

그는 결국 안정적인 생활이 가능한 의사 생활을 포기하고 의사 생활에서 느끼지 못했던 보람과 성취감을 맛볼 수 있는 컴퓨터 바이러스 치료를 하는 쪽을 선택했다.

나는 안철수 교수를 존경한다. 왜냐하면 그는 도전을 즐겼기 때문이다. 그는 노력을 게을리 하지 않았기 때문이다. 그는 강한 믿음을 가지고 있었고 책을 통해서 일을 통해서 사람을 통해서 자기만의 철학과 신념을 가지고 있기 때문이다. 그리고 가장 좋아하는 이유는 선한 부자이기 때문이다. 나에게 초점을 맞추지 않고 직원들을 생각하고 국민을 생각했기 때문이다. 컴퓨터 바이러스 백신 기술을 가지고 있을 때도 회사는 무척 어려웠다고 한다.

그렇기 때문에 외국의 유명회사들이 백신을 거액에 인수하겠다는 제안을 많이 했다고 한다. 그러나 직원들을 위해서 우리나라의 미래를 위해서 팔지 않겠다고 결단을 한 것이다. 누구나 생각을 할 수는 있지만 이렇게 강한 믿음을 가지고 초심을 유지하기는 쉽지 않다.

독특한 철학을 가지고 차별화된 믿음을 통해서 일본 사람들의 존경을 받고 있는 호리바제작소의 호리바 마사오 최고고문의 이야기는 큰 울림으로 다가온다. 이지훈이 쓴 《혼창통》에 나오는 이야기다.

호리바 마사오는 의학을 공부한 뒤 인생관이 크게 바뀌었다고 한다. 그는 원래 물리학을 전공했고 교수가 되려 했지만 2차대전의 발발로 학업을 접어야 했다. 그리고 1945년 호리바제작소를 창업했다. 그 후 종업원들의 자기 발전을 위해 박사학위 취득을 장려했고 자신도 의학을 공부해 의학박사가 됐다. 1961년의 일이다. 그는 이야기한다.

"회사에 오면 정말 즐겁다! 내일 또 재미있는 일을 하자! 종업원을 이렇게 만들어주는 것이야말로 경영자의 책임이라고 생각합니다. 또한 호리바에 관계된 기업이나 사람까지 포함해서 모두를 행복하게 해주도록 노력해야 합니다."

그는 즐겁고 재미있게 일하는 것은 일의 효율 측면에서도 탁월해 회사에도 큰 도움이 된다고 말했다. 그러나 즐겁고 재미있게 일하려면 종업원의 마음가짐뿐만 아니라 회사도 뭔가 바뀌어야 하지 않을까? 이에 대해 그는 이렇게 설명했다.

"그렇습니다. 기업도 종업원들이 재미있고 즐겁게 살아갈 수 있도록 재미있고 즐거운 체질을 갖추지 않으면 안 됩니다. 상사부터 재미있고 즐겁게 일하는 분위기를 만들어야 합니다. 그래서 우리는 교육을 중요하게 생각합니다. 우리의 교육이나 제안제도의 초점은 어떻게 하면 재미있고 즐겁게 일할 수 있는가를 연구하는 것입니다."

신문기자이자 2005년 〈타임〉지가 선정한 '가장 영향력 있는 100인'에 뽑힌 작가 말콤 글래드웰은 자신의 저서 《아웃라이어》에서 어느 분야에서건 성공하기 위해선 1만 시간을 투자해야 한다고 밝힌 바 있다.

어느 분야에서든 세계적 수준의 전문가, 즉 무언가 최고가 되려면 1만 시간의 노력이 필요하다는 것이다. 즉 하루에 3시간 이상을 10년 정도는 몰입해야 한다는 것이다. 어떤 분야든 꾸준한 노력 없이는 절대 성공할 수 없다. 성공하고 싶다면 꾸준한 노력이 필요하다. 다른 사람들이 좋아하는 것에 너무 연연하지 말고 나만의 스타일을 유지해야 하는 것이다. 그러면 나만의 개성을 만들어 독특한 매력이 더욱 빛을 발하게 될 것이다.

　안철수 교수와 호리바 마사오를 통해서 우리는 무엇을 배울 수 있는가? 집중된 몰입은 기적을 연출한다는 것이다. 강한 믿음은 기적을 연출한다는 것이다. 사람을 이롭게 하려는 선한 마음과 더불어 포기하지 않는 열정적인 확신은 우리를 놀라게 한다는 것이다. 내가 지금 강한 믿음을 가지고 있는 것은 무엇인가? 나는 어느 곳에 강한 확신과 신념을 갖고 있는가?

좋은 습관이
인생을 좌우한다

✦ ✦ ✦ 신은 어떤 사람에게도

결코 자신이 삶을 받아들일 것인지

받아들이지 않을 것인지를 묻지 않는다.

그것은 결코 인간의 능력으로

선택할 수 있는 문제가 아니기 때문이다.

사람은 당연히 살아야만 한다.

당신이 선택할 수 있는 유일한 것

그것은 어떻게 살아가야 하는가이다.

– 헨리 워드 비치 –

　그동안 많은 성공자들을 보면서 한 가지 사실을 알 수 있었다. 아주 간단한 것이었는데 다름 아닌 성공하는 습관이었다. 성공자들의 사소한 습관 하나하나가 눈이 부시고 빛날 정도의 성공으로 이끈 것이다. 그런 사소한 차이가 보통 사람들과 비교했을 때 확연한 차이로 나타났던 것이다.

　안철수 교수는 노트북 바탕화면에 글 소재라는 파일을 만들어 놓고 틈틈이 아이디어가 떠오르는 대로 메모를 했다고 한다. 한비야는 틈만 나면 책을 읽을 정도로 독서하는 습관을 들였다. 오랫동안 전쟁과 분쟁이 지속되고 있어 언제 죽을지도 모르는 그 위험한 나라에 긴급 구호를 갈 때도 항상 배낭에 챙겨 간 것이 책이었다. 37세에 115권의 책을 저술해 기네스북에 오른 김태광 작가는 매일 독서하고 메모하는 습관을 가지고 있다.

　그들은 한결같이 이야기한다. 작은 습관 하나가 지속되어 오늘의 나를 만들었다고 자신 있게 힘주어 이야기한다.

　생각이 행동을 바꾸고, 행동이 습관을 바꾸고, 습관이 인격과 운명을 바꾼다고 하지 않던가.

　삶의 기적은 변화로부터 시작된다. 변화의 핵심은 습관인 것이다. 습관이 지니고 있는 힘은 강력한 것이다. 그러므로 성공하는 습관을 통해서 나의 내면에 잠자고 있는 능력을 발견하는 작업을 해야 한다.

　도스토예프스키는 습관의 중요성에 대해 이렇게 말했다.

"습관이란 인간으로 하여금 어떤 일이든 가능하게 만든다."

습관이 바뀌면 인생이 바뀌는 것이다.

성공한 사람들에게는 특별한 비결이 있다. 그것은 다름 아닌 긍정적인 성공 습관이다.

공감하며 경청하는 습관, 독서하는 습관, 상대방을 배려하는 습관, 메모하는 습관, 새벽에 일찍 일어나 새벽시간을 잘 활용하는 습관, 약속은 반드시 지키는 습관, 오늘 할 일을 내일로 미루지 않는 습관, 항상 미소를 짓고 밝은 모습을 유지하는 습관, 항상 긍정적인 언어를 사용하는 습관 등과 같은 사소한 습관들이 체화되면 사람들이 다르게 보게 된다. 그러면 대인관계도 원만하고 자신감도 커지고 리더십도 제대로 발휘할 수 있다.

위대한 성공자들, 예를 들면 링컨, 오프라 윈프리, 루스벨트, 처칠, 에디슨, 이순신, 세종대왕이 처음부터 긍정적인 습관을 실천했을까? 그것은 아닐 것이다. 처음에 행동으로 옮길 때는 무척 힘들고 어려운 일이었을 것이다. 그러나 항상 좋은 습관을 지속하기 위해 자기와의 싸움을 매일 함으로써 나만의 성공습관으로 만들었을 것이다. 습관은 마음만 먹으면 바꿀 수 있다. 의지가 중요한 것이다.

내가 반복적으로 의식적으로 하고 있는 습관 중에서 나쁜 습관이 있는지 점검해보자. 나쁜 습관을 긍정적인 성공 습관으로 바꾸는 것만으로도 내 인생에 하나의 전환점이 될 수 있다.

피타고라스는 '가장 위대한 자산은 바로 자기통제'라고 했다. 피타고라스가 왜 자기통제를 가장 위대한 자산이라고 설파했을까? 그만큼 자기 자신을 통제하는 것이 힘들고 어려운 일이기 때문일 것이다. 내가 무언가를 하기로 결심한 뒤에 그 결심을 오랫동안 유지한다는 게 쉽지 않다는 것을 우리는 모두 잘 알고 있다. 나를 통제하고 좋은 습관을 몸에 체화시키려면 지속적인 노력이 필요한 것이다.

위대한 바이올리니스트 사라사테에게 기자가 질문했다고 한다.

"어쩌면 이렇게 나이가 많으신데도 연주를 잘하는 것입니까? 당신은 천재이지요?"

그러자 사라사테가 이렇게 답했다고 한다.

"사람들은 내가 지난 37년 동안 하루도 빠짐없이 14시간씩 연습한 건 생각지 않고 천재라고 부른답니다."

《어린 왕자》를 쓴 생텍쥐페리는 말한다.

"하나의 새로운 습관이 우리가 알지 못하는 우리 내부의 낯선 것을 일깨울 수 있다."

자기 분야에서 성공한 사람들은 공통분모를 가지고 있다. 그것은 어떤 일을 시작한 뒤에 쉽게 포기하지 않고 긍정적인 마인드를 견지하고 노력을 배가했다는 것이다. 즉 참을성이 있었으며 효과적으로 철저하게 연습하고 준비했던 사람들인 것이다.

사라사테나 생텍쥐페리의 말처럼 지금 나의 모습을 다른 모습으로 바꾸려면 나의 기존 습관부터 바꾸어야 한다. 습관을 바꾸려면 전제가 무엇일까? 먼저 내가 현재의 모습을 탓하고 있는 환경에서 벗어나는 작업을 해야 한다. 그리고 환경에 절대로 구애받지 말고 적극적으로 행동할 수 있어야 한다. 적극적인 행동, 긍정적이고 자신감 있는 행동이 지속적으로 반복되면 그것이 나의 능력이 되고 습관으로 자리매김할 것이다.

우리 주위에는 '나는 무엇을 할 테야' 라고 생각을 말하는 사람들은 많다. 그러나 생각하고 말은 하는데 정작 행동으로 옮기지 않는다면 아무 일도 일어나지 않는다. 생각에서 멈추지 말고 당장 행동으로 옮겨보자. 그것도 내일이 아니라 오늘 지금 당장 해보는 것이다. 행동이 반복되면 엔도르핀이 생기고 힘이 생기고 자신감이 증가된다. 나의 몸속에서 에너지가 증가되면서 몸에서 긍정적인 기운이 느껴지기 때문에 성공 습관으로 안착될 수 있을 것이다.

하루를 조용한 곳에서 명상으로 시작한다

✹ ✹ ✹ 마이크로 소프트의 창업자 빌 게이츠는 생각 주간 의식을 갖는다. 아무에게도 방해 받지 않기 위해 홀로 짐을 꾸려 호숫가 통나무집으로 간다. 그렇게 집중적으로 생각하는 시간을 통해 자신과 끊임없이 대화를 하면서 내면을 들여다본다.

모든 사람들에게 하루 24시간은 공평하게 주어졌다. 똑같이 주어진 하루 24시간을 어떻게 활용하느냐에 따라 우리의 삶은 달라질 수 있다. 아침을 시작할 때 혼자서 명상의 시간을 가져보라. 여러분의 인생을 사랑한다면 나만의 장소를 정해서 자신과 대화하는 시간을 가져보라.

나와 내가 대면하는 것이 힘들 수도 있다. 그렇지만 스스로 질문하고 대답하며 나의 내면을 바라보면서 하루를 시작하는 것은 진정 의미 있는 일이다.

벤저민 디즈레일리는 이런 말을 했다.

"오랫동안 명상한 결과 다음과 같은 확신을 스스로 얻게 되었다. 확고한 목표를 지닌 인간은 그것을 반드시 성취하도록 되어 있으며 그것을 성취하고자 하는 그의 의지를 꺾을 만한 것은 아무것도 없다."

명상의 중요성과 더불어 명상이 제대로 효과를 발휘하려면 명확한 목표가 수반되어야 한다는 것을 강조하고 있다. 명상은 에너지의 시작이다. 하루를 즐겁고 행복하게 만들고 싶다면 아침에 일어나서 조금만 시간을 내어보자. 10분도 좋고 30분도 좋고 시간의 길고 짧음은 중요하지 않은 것이다. 일단 시도해보는 것이 중요하다. 시간은 점차적으로 늘려나갈 수 있다. 명상과 더불어 명확한 목표가 수반된다면 더욱 강력한 에너지를 얻는 시간이 될 것이다.

처음부터 마음을 비우고 나를 들여다보는 진정한 명상을 하기는 쉽지 않다. 그렇다면 처음에는 나의 에너지를 증가시키고 긍정적인 마인드로 전환할 수 있는 시간을 가져보는 것도 좋다. 눈을 감고 즐거웠던 추억을 떠올려 보는 것이다. 내가 정말로 좋아하고 자신감이 충만했던 때를 떠올려 보는 것이다. 예를 들면, 내가 원하는 것을 성취해서 스스로 대단하다고 생각했던 일, 어린 시절의 즐겁고 행복했던 추억, 감동이 되어 눈물을 흘렸던 일, 보람 있고 가치 있었던 일, 누군가로부터 칭찬과 인정을 받아 기분이 좋았던 일, 선생님으로부터 칭찬을 받은 일, 등산 및 여행 등을 통해서 겪은 에피소드 등이다.

미국, 영국, 일본 등 세계 굴지의 기업을 운영하는 CEO들의 공통점 중의 하나는 하루를 시작하기 전에 명상을 한다는 점이다. GE의 전 CEO였던 잭 웰치의 이야기다.

"나는 오랜 세월 동안 아침 일찍 집을 나가 근처 공원에서 혼자서 명상을 하고 있습니다. 20분 정도 눈을 감고 내가 가지고 있는 고민에 대해 생각하고 해답을 찾고 있습니다."

또 소프트 뱅크의 손정의 회장도 하루에 10분 이상은 생각하는 시간을 갖는다. 애플의 스티브 잡스도 명상을 자주 했다고 한다.

자신의 생각을 몰입할 수 있는 시간을 확보하고, 그 시간을 통해서 앞으로 나아가야 할 방향과 깊이를 만나게 되었다. 그렇기에 남다른 성공의 결과물을 창출하고 있었던 것이다.

"자신을 단련시켜 어떻게든 발전하고 싶은 사람은 많이 고민하고 괴로워해야 합니다. 그러다 보면 결국은 자신의 인생을 움직이고 있는 것은 어느 누구도 아닌 바로 나 자신이라는 자각이 생깁니다. 그 경험이 어떤 시련에도 넘어지지 않는 자신을 길러주게 되는 것입니다."

명상은 나를 돌아보며 미래를 꿈꾸는 시간이어야 한다. 오늘은 누구를 만나고 가치 있는 일이 무엇인지 묻고 또 물어야 한다. 어떻게 하면 나를 성장 발전시킬 수 있고 어떻게 하면 공헌하는 삶을 살 수 있을 것인지 고민해야 한다.

오늘 하루는 나에게 주어진 최고의 천금 같은 시간이다. 오늘 하루가 쌓여서 나의 자원이 되는 것이다. 하루하루를 어떻게 만들어갈 것인지 행복한 설계를 해야 하는 것이다.

내가 스스로 생각하면서 입가에 미소 지으며 나도 모르게 에너지와 열정이 샘솟는 그런 하루하루를 만들어야 하는 것이다. 그렇기 때문에 10~20분 시간을 내서 명상을 하는 것이 중요한 것이다. 명상과 더불어 나를 인정해주고 나를 칭찬해주는 행복한 자성예언을 하면 더욱 멋진 하루를 설계할 수 있다.

"나는 내가 좋다. 나는 나를 사랑한다. 나는 당당하다. 나는 최고다. 나는 매력적이다. 나는 매일 점점 더 좋아지고 있다. 어떤 장소 어떤 사람 앞에서도 당당하고 자신 있게 내가 하고자 하는 말을 하고야 만다. 나는 내가 좋아하는 일을 반드시 하겠다."

매일 아침, 나를 돌아보고 나를 찾아가는 명상을 하면서 하루를

시작하라. 그리고 틈나는 대로 긍정적인 나를 돋보이게 하고 빛
나게 하는 행복한 언어를 반복해보자. 그러면 저절로 미소를 지
으며 원하는 모든 일들이 이루어질 수 있을 것이다.

‘사람들은 왜 행동하지 못할까?’ 하는 고민을 하다 보면 자신
에게도 왜 행동을 못하는지 묻게 된다. 지금까지 나를 행동으로
이끌어준 것은 나 자신에게 질문하고 스스로 답하는 과정을 무수
히 반복하는 것이었다.

오늘 하루, 마음을 비우고 명상으로 행복한 시작을 해보자. 거
창한 장소나 많은 시간은 필요하지 않다. 조금이라도 나와의 대
화를 시도해보는 것이 중요하다. 나와 대화를 나누며 시작하는
하루, 기대되지 않는가?

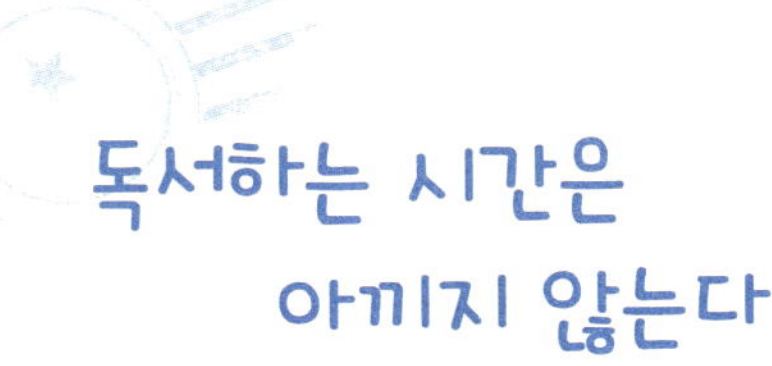

독서하는 시간은
아끼지 않는다

      ★ ★ ★   독서의 중요성을 모르는 사람은 없다. 성공하기를 원한다면 책을 읽어야 한다.

독서는 아무리 강조해도 지나치지 않다. 책을 통해 자기 분야에서 성공한 사람들이 오랜 세월에 걸쳐 쌓은 경험, 지식, 가치관 등을 간접경험할 수 있다. 그토록 귀중한 정보를 우리는 시간만 투자하면 모두 얻을 수 있다. 그래서 안중근 의사는 하루라도 책을 읽지 않으면 입안에 가시가 돋는다고 했는지도 모른다. 또한 로마의 위대한 철학자 키케로는 '책은 청년에게는 음식이 되고 노인에게는 오락이 된다. 부자일 때는 지식이 되고 고통스러울 때는 위안이 된다'고 하지 않았던가.

성공자들의 이야기를 들어보자.

"독서를 통해서 자신감을 갖게 되었다."

"독서를 통해서 인간 관계의 벽을 허물게 되었다."

"독서를 통해서 새로운 꿈을 꾸었다."

"독서를 통해서 많은 간접 경험과 지혜를 터득했다."

어찌 독서를 통한 변화를 일일이 다 열거할 수 있겠는가? 책과의 만남은 내 인생을 송두리째 바꿔 놓았다.

일본에서 힘들고 어려울 때는 필자를 지탱해주는 지팡이가 되어 주었고 필자의 삶 속에서 자리매김하고 있는 것이 책이다. 책은 필자의 일본 생활에서 고독할 때 찾아와주는 동반자였고 응원자였으며 선생이었다.

이 얼마나 행복한 사람인가! 마음만 먹고 결단하고 행동으로 옮기기만 하면 수없이 많은 현인들과 선구자들 그리고 성공자들의 지혜를 마음속이나 머릿속의 지혜의 바구니에 무한정 담을 수 있으니 말이다.

책 속에 일본 생활 더 나가서 인생의 길이 있다는 말을 확신한다. 책을 읽고 책과 하나가 되면 없는 길도 새롭게 만들 수 있다고 확신한다.

처음에는 다양한 분야의 많은 책을 읽는 것이 중요하다. 하루에 1~2시간 정도 투자를 하면 일주일에 1권, 1년이면 52권을 읽을 수 있다. 즉 1시간을 투자하면 52권이지만 매일 2시간을 지속적으로 책을 읽는 데 할애한다면 1년이면 100권도 거뜬히 읽어낼 수 있다. 좋아하는 주제를 정해서 100권 정도의 책을 읽는다면 그 분야에 대한 자신감도 커질 것이다. 거의 전문가의 반열에까지 오를 수 있지 않겠는가? 성공한 많은 위인들을 보면 관심 있는 분야를 정해서 100권 정도의 책을 독파했다는 이야기를 우리는 알고 있다.

책을 많이 읽는 것도 중요하지만 마음을 움직이고 힘이 되는 책은 몇 번을 정독하는 것도 중요하다. 좋은 책을 곁에 두는 것은 좋은 스승을 두는 것과 같다. 좋은 책을 곁에 두고 보고 또 보고 스승을 대하듯이 책 속의 저자와 대화할 수 있다. 그러면 책은 나에게 이로움과 지혜를 선물할 것이며 많은 아이디어를 제공해줄 것이다.

찰스 스펄전은 제자들에게 이렇게 조언했다고 한다.

"가지고 있는 책들을 정복하라. 생각하며 깊게 읽어라. 책에 흠뻑 빠질 때까지 몰두하라. 책을 읽고 또 읽어라. 책을 씹고 소화하고 바로 네 자신이 되게 하라. 좋은 책은 몇 번이고 정독하고 요점을 정리하고 그것을 분석하라."

만일 찰스 스펄전의 이야기를 우리가 실천한다면 아마도 놀라운 일이 생길 것이다. 한 권의 책을 완전히 내 것으로 체화할 수 있다면 얼마나 기쁨과 환희를 배가시킬 수 있을 것인가?

10대들이여! 여러분은 어떤 책을 읽을 때 자신감이 솟구치고 설렘과 흥분을 느끼는가? 그 책을 한 번 읽고 또 읽어보라. 한 권의 책이 다 외워질 때까지 도전해보라. 그리고 하루 1시간씩 독서에 투자하고 책 속에서 얻은 지혜를 삶 속에서 적용해보면 어떠한가? 몇 년 후 변화된 나의 모습에 깜짝 놀랄 것이다.

독서하는 시간을 아끼지 않고 성공 습관으로 만들어 꿈을 이룬 사람들이 많다. 그들 중에서도 '토크 쇼의 여왕' 오프라 윈프리를 꼽을 수 있다. 윈프리의 어린 시절은 너무도 불행했다. 흑인에다 가난했던 그녀가 어떻게 지금처럼 성공할 수 있었을까?

그녀는 책을 읽는다는 이유로 학교에서 다른 아이들에게 따돌림까지 받았다고 한다. 오프라 윈프리의 고백을 들어보자

"늘 교실 구석에서 책을 읽는다고 따돌림을 받았어요. 아이들은 그걸 가지고 절 놀렸죠. 그런 저는 아주 슬픈 마음으로 교실을 빠져 나왔습니다. 책을 통해서 인생에 가능성이 있다는 것과 세상에 실제로 나처럼 살고 있는 사람들이 있다는 것을 알게 되었습니다. 그래서 내가 열망한 것을 달성할 수 있었습니다. 독서는 나에게 희망을 주었습니다. 내게 책은 열려진 문과 같았습니다."

오프라 윈프리는 전 세계적으로 영향력이 있는 인물이다. 세계의 성공한 사람들을 손님으로 초빙해서 쇼를 아주 자연스럽게 진행한다. 그녀는 힘주어 이야기한다. 나를 지금으로 만든 것은 8할이 독서의 힘이라고. 나는 독서를 통해서 새로운 인생을 꿈꾸었고 내가 진정으로 원하는 꿈을 이루었다고. 독서가 오프라 윈프리가 가장 힘들고 어려울 때 희망이 되어 주었다고 하지 않는가? 10대들은 아프다. 고민도 많고 여러 가지 해야 할 일도 많다. 그렇지만 독서를 통해서 내가 진정 원하는 꿈 여행, 즉 비전 여행을 떠나보면 어떨까?

데일 카네기의《링컨 당신을 좋아합니다》에 나온 내용이다.

"링컨은 대통령이 된 후 남북전쟁으로 인한 고뇌와 번민으로 마음이 무거울 때도 그는 셰익스피어의 작품을 즐겨 읽었고, 그 바쁜 와중에도 셰익스피어 권위자들과 셰익스피어의 극에 대해서 토론을 벌였다. 그는 한 손에 책을 펼쳐든 채 책을 읽으며 걸었다."

링컨은 전쟁 중에도 셰익스피어를 읽었다고 한다. 얼마나 책을 소중히 여기고 책을 통해 영감과 지혜를 얻었으면 전쟁 중에도 책을 읽었을까? 우리는 책을 언제 읽을 수 있다고 생각하는가? 여유가 있어야 책을 읽을 수 있다고 혹자는 말하기도 한다. 과연 그럴까? 그렇지 않다고 생각한다. 왜냐하면 책을 능동적으로 읽어야 여유를 창조할 수 있기 때문이다.

링컨은 미국인이지만 우리는 왜 링컨을 존경하는가? 초등학교 어린이부터 성인에 이르기까지 링컨을 모르는 사람이 있을까? 링컨의 일생에서 우리가 가장 기억하고 있는 부분은 무엇인가? 링컨을 우리가 흠모하고 존경하는 이유 중 하나는 무에서 유를 창조한 도전정신과 더불어 용기를 항상 간직하고 살았기 때문이 아닐까?

찰스 스펄전, 오프라 윈프리, 링컨은 우리에게 어떤 메시지를 전하고 있는가? 독서의 위대함을 우리에게 강조하는 것이다. 매일 독서하는 습관을 절대로 게을리 하지 마라! 독서는 여러분에게 최고의 비타민이자 여러분이 진정 꿈꾸는 세상으로 인도하는 나침반이 되어줄 것이다. 오늘 책을 한 권 집어 들어라! 시작이 중요하다. 너무 생각을 많이 하지 마라. 미루지 말고 오늘 지금 당장 책 한 권과 조우하라! 그러면 여러분은 새로운 열정과 에너지를 경험하게 될 것이다.

빌 게이츠의 말로 마무리한다.

"지금의 나를 만든 것은 동네의 공립도서관이었다. 훌륭한 독서가가 되지 않고는 참다운 지식을 갖출 수 없다. 멀티미디어 시스템이 정보 전달과정에서 영상과 음향을 많이 사용하지만 문자

텍스트는 여전히 세부적인 내용을 전달하는 최선의 과정이다. 평일에는 최소한 매일 밤 1시간, 주말에는 3~4시간의 독서시간을 가지려고 노력한다. 이런 독서가 나의 안목을 넓혀준다."

Etude de Point de Croix.

실행으로 기회를 잡아라

자신에게 보상을 하라

★ ★ ★ "나는 진귀한 보물이다. 나에 대한 시각을 다시 보도록 하자! 나 자신이 나를 어루만져주고, 쓰다듬어주고, 위로해주고, 사랑해주고, 소중하게 대할 때 나의 열정과 나의 믿음과 확신은 배가 되리라.

나는 보석 같은 존재다. 매일의 일상 속에서 아주 소중한 존재이므로 나를 존귀하게 해줄 방법을 계속 실천하는 것이다. 나를 소중하게 생각하고 설렘과 흥분으로 가득 차 있어서 자신감과 열정 그리고 믿음과 사랑으로 충만해 있을 때 당신과 우리의 태도가 어떠하리라 생각하는가. 우선은 나를 소중하게 생각하고 나 자신을 사랑하는 연습을 하도록 하자. 혼자서 스스로를 이끌어 가기가 힘들 때는 양서를 정독하고, 음악을 듣고, 산책을 하고, 등산을 하고, 자연과 호흡을 하며 대화를 시도하도록 하자. 또한 멘토를 찾아가서 자문을 구하자. 나를 도와달라고, 나를 소중하게 하는 방법을 알려 달라고. 오늘 하루 원 없이 달려보는 거다. 몸도 마음도 갈 수 있는 데까지 힘껏 .

　가다 지칠 때쯤이면 나를 위한 1분 투자를 해보는 거다. 지금 이 순간 나를 소중하게 하는 최고의 방법은 무엇일까를 그리고 행복이라는 단어를 항상 머릿속에서 머물게 하는 거다. 행운을 쫓는 우를 범하지 않도록 균형 잡힌 삶을 조율하는 거다. 일상 속에서, 매일 속에서, 순간순간 속에서, 과정 속에서 행복을 맛보며 만끽하는 거다."

　자기를 사랑하는 사람들은 자존감이 높다. 자신을 사랑하는 사람은 자신에게 칭찬과 격려를 자주 한다. 내가 우선이다. 내가 먼저 나를 사랑할 수 있어야 한다. 론다 번은 《시크릿》에서 힘 있게 강조한다. 당신 임무는 자신을 챙기는 것이라고. 내가 나 자신에게 긍정적이고, 나를 보듬어주고, 나를 위하는 마음이 있을 때 나의 자존감이 올라가는 것이다. 나를 위로해주고, 나를 아껴주고, 나를 진정으로 사랑하는 마음이 있어야 나는 맘껏 기지개를 켤 수 있는 것이다. 내가 나를 인정하는 것을 최우선으로 생각하

자. 내가 나를 인정하지 않는다면 매사에 활력이 없을 것이다. 내가 나를 사랑하고 나를 인정한다는 것은 자신감과 용기의 단초가 되지 않겠는가.

나를 사랑하고 인정하는 습관을 들이자. 내가 나를 인정하고 나를 진정으로 사랑하기 시작한 순간부터 아마도 마법 같은 기적이 연출될 것이다. 나를 사랑하면 타인을 배려하고 감사하는 마음을 가지고 사람들을 대할 수 있다.

어느 대학생의 이야기가 지금도 귓전에 맴돌고 있다. 그녀는 항상 밝고 명랑했다. 모든 것에 적극적이었다. 매사에 긍정적인 생각을 가지고 있었다. 내 시각을 어느 곳에 초점을 맞추느냐에 따라서 마음가짐이 달라지는 것이다. 그녀는 항상 목표를 가지고 있었다. 단기, 중기, 장기 목표가 있었다. 그리고 항상 진정 원하는 비전을 이루는 모습을 상상했다. 1주일, 1개월 단위로 설정한 목표를 이룰 때마다 자신에게 보상을 했다.

그녀는 '이번 달에는 반드시 반에서 10등 올리겠다'고 정한다고 한다. 그리고 목표를 이루면 그에 걸맞은 보상을 자신에게 하는 것이다.

"그래, 1개월 동안 이루지 못할 여러 가지 문제도 있었지만 잘 참고 이것을 해낸 거야. 그래서 나는 대단해. 그래 나에게 맛있는 음식을 선물해야지. 오늘은 옛날부터 가고 싶었던 레스토랑에 가서 스테이크를 맘껏 먹는 거야."

음식을 먹으며 나를 칭찬해주고 인정해주는 것이다. 내가 나를 인정해주고, 칭찬해주고, 위로해주지 않는다면 누가 나를 위로해준단 말인가?

우리는 성공한 많은 사람들이 자신에게 보상했다는 것을 알고 있다. 어떤 사람은 등산을 선물하고, 어떤 사람은 해외여행을, 어떤 사람은 멋진 옷을, 어떤 사람은 전자제품을, 어떤 사람은 책을, 어떤 사람은 맛있는 음식을, 어떤 사람은 의미 있고 가치 있는 교육과정을, 어떤 사람은 뮤지컬을, 어떤 사람은 영화를 자신에게 선물하는 것이다. 그러면 나의 자존감도 배가된다. 자존감이 높아지니 자부심이 생기고 자부심이 생기니 자신감과 더불어 열정과 에너지도 증가하지 않겠는가. 그래서 전 세계적으로 1억 부 이상 팔린 밀리언셀러의 저자 론다 번은 《시크릿》에서 자기를 사랑하는 것을 위대한 감정이라고 표현하지 않았던가? 론다 번은 이야기한다. 나를 진정으로 사랑하는 마음과 명확한 목표가 결합된다면 당신이 진정 원하는 것을 무엇이든 성취할 수 있으리라고. 공감하는가?

나 자신을 사랑하고 인정해야 한다는 것은 아무리 강조해도 지나치지 않다. 오늘부터 시간을 내서 나를 인정해주고 사랑해주는 연습을 하자. 힘들 때는 휴식을 취하고 일상에서 벗어나 자연 속에 몸을 맡기자. 조금은 머리를 쉬도록 해주자. 몸과 마음과 영혼이 쉴 수 있는 잠깐의 여유를 만끽하도록 하자. 나에게 보상을 하면 그 몇 배로 보상의 대가가 나에게 돌아온다. 내가 나를 인정해주고 지지해주고 보상해주는 습관을 들인다면 에너지는 더욱더 내 몸 속을 휘감게 될 것이다. 나는 매일매일을 설렘과 흥분된 마음으로 살아갈 수 있을 것이다. 마음의 평화와 자유를 만끽할 수 있을 것이다. 저절로 입가에 웃음이 맺히고, 자신감은 증가될 것이며, 많은 사람들과의 인간관계에 혁명을 가져올 것이며, 공감소통이 저절로 이루어질 것이다. 자신감이 있고 인간관계에 혁신이 일어나고 소통이 되니 자연적으로 리더의 역할을 할 것이며, 걱정과 스트레스를 관리하는 데 전혀 문제가 없을 것이다. 오늘 실천해보자. 오늘 지금 당장 나를 사랑하고 인정하고 지지해주는 말을 건네 보자. 그리고 내가 이룬 작은 성과일지라도 나에게 정성스런 보상을 하는 것을 절대로 잊지 않도록 하자.

기회는 만남을 통해서 나온다

✳ ✳ ✳ 　발명왕 에디슨은 에드윈 번스와의 만남이 있어 발명에 전념하고 마케팅 분야의 고민을 덜 수 있었다. 컴퓨터 황제 빌 게이츠도 스티브 발머와의 만남이 있어 전반적인 경영을 주도적으로 맡길 수가 있었기에 항상 많은 시간을 할애해서 미래를 대비할 수 있는 일에 전념할 수 있었다.

에디슨과 빌 게이츠는 만나는 사람에 대한 관심과 배려, 칭찬 등을 통해서 그들과의 절대적 협력관계를 지속적으로 유지했다. 그렇기에 자신의 일에 집중할 수 있었고 열정을 쏟아부을 수 있었다. 발명왕 에디슨과 빌 게이츠는 소중한 만남에 대한 투자를 게을리 하지 않은 것이다. 그런 만남이 있었기에 더 크고 위대한 일을 성취할 수 있었던 것이다.

일을 추진하고 이루는 데 있어서 곁에 있는 사람들의 중요성에 대해서 필자의 저서《다시 시작하는 힘, 결단》의 내용을 한 번 보도록 하자.

'성공한 사람들에게는 반드시 절대적 협력을 해주는 사람들이 있었다. 그들이 성공이 이룰 수 있었던 것은 그들의 도움 때문이었다. 만일 그들이 없었다면 결코 꿈을 이룰 수 없었을 뿐 아니라 성공하지 못했을 것이다.

성공한 사람치고 남의 도움을 받지 않은 사람은 없다. 그들이 걸어온 길을 살펴보면 시련과 역경에 부딪힐 때마다 많은 사람들로부터 도움을 받았다는 것을 알 수 있다.

사람들 중에는 자신의 힘만으로 성공하겠다고 큰소리치는 어리석은 사람들이 있다. 이는 세상의 모든 일들이 사람과 관계라는 날줄과 씨줄로 서로 얽혀 있다는 것을 모르기 때문이다. 절대 독불장군으로는 성공할 수 없다.

성공은커녕 철저하게 고립되고 무너지게 된다. 지독한 가난을 극복하고 성공한 사람들 곁에는 알게 모르게 도움의 손길을 건넨 사람들이 있었다.

오늘날 많은 사람들이 저지르는 가장 큰 실수 중 하나는 힘든 상황에 직면했을 때 주위 사람들에게 도움을 요청하지 않는다는 것이다. 요청했다가 거절당해서 자존심을 구길까 봐 두려운 것이다. 하지만 성공한 사람들 중에는 힘든 상황에서 주위 사람들에게 도움을 요청해 위기를 극복한 경우가 많다.'

앤드류 카네기의 도움으로 많은 사람들이 성공한 기업가로 출세했다. 그들 중 많은 사람들이 카네기와의 만남이 없었다면 불가능했을 어마어마한 재산을 모았다. 그럼 일용직 근로자인 찰스 슈왑이 카네기를 만남으로써 성공한 이야기를 소개하겠다.

찰스 슈왑은 철강 제조공장에서 일용직 노동자로 땀 흘려 일하고 있었다. 그는 즐거운 마음으로 일을 했고 심지어 자기가 받는 월급보다 더 많은 시간을 회사에 투자했다. 카네기는 찰스 슈왑이 근면하게 일하는 모습을 유심히 지켜보았다. 어떻게 보면 보잘 것 없었던 찰스 슈왑이 월급 이상으로 많은 일을 하는 모습과 즐겁게 일하는 모습을 관찰한 것이다. 그런 좋은 평가들이 카네기의 마음에 쌓였고 주위 임원들의 평가도 매우 좋아 드디어 찰스 슈왑은 거대한 철강회사의 사장이 되었다.

자기에게 주어진 일이라면 즐겁게 일을 하고 다른 사람에 비해 열심히 더 많이 일을 하면 어떨까. 그럼 누군가 당신을 관찰하고 주목하고 있을 것이다. 그 사람이 당신의 바로 위 상사일지 아니면 자주 거래하는 고객일지 아니면 회사의 사장일지는 모를 일이다. 마지못해 하는 일이라면 하지 않는 것이 정신적으로 도움이 되지 않겠는가?

'만난 사람들이 곧 스승이다'라는 말을 즐겨 쓴 교보생명의 창업자 신용호 회장의 사례를 살펴보자.

신용호 회장은 1917년 전남 영암에서 여섯 형제 중 다섯째 아들로 태어났다. 어려운 집안 환경 때문에 그는 초등학교도 다니지 못했다. 집안이 항일운동에 연루된 이유로 제대로 공부할 수 있는 환경이 아니었다. 하지만 신용호의 공부에 대한 열정은 대단해서 비록 학교를 다닌 일도 가르침을 준 스승도 없었지만 그에게는 그가 처한 환경이 학교였고 역경 속에서 만난 사람들이 스승이었다.

비록 초등학교도 다니지 않았기에 그를 가르쳐줄 스승도 없었다. 하지만 그는 그가 처한 환경에서 만나는 사람들이 곧 스승이라고 생각했다. 그래서 그는 자신의 이력서에 배우면서 일하고 일하면서 배운다는 말을 즐겨 써넣곤 했다.

어쩔 수 없는 환경 때문에 중국으로 건너갔다가 해방과 함께 29세에 다시 고국으로 돌아온 그는 2세 교육을 위한 교육보험을 창안했다. 그리고 세계 보험 사상 유일의 교육보험을 창안해 새로운 보험시장을 열었다.

모든 사람은 자신의 분야에서 성공하게 프로그래밍되어 있다. 세상에 태어나기 전부터 신이 그렇게 만들어 놓았다. 그런데도 왜 세상에는 성공하는 사람보다 실패하는 사람이 더 많은 것일까? 그것은 힘든 상황에 직면했을 때 주위 사람들에게 도움을 요청하지 않았기 때문이다. 사실 주위 사람들에게 도움의 손길을 요구한다는 것이 말처럼 쉽지는 않다. 그들과의 관계가 돈독하지 않다면 입이 떨어지지 않을 것이다.

인생의 행복과 성공의 키는 재산도 권력도 명예도 아니다. 오직 사람이다. 사람이라는 재산 없이는 그 어떤 행복과 성공의 자물쇠도 열 수 없다. 수많은 성공한 이들이 사람을 소중하게 생각했던 이유가 여기에 있다.

모든 성공의 핵심에는 사람이 있다. 평소 주위 사람들을 진심으로 대하고 마음을 다해보자. 인생의 결정적인 순간에 그들은 나에게 구명보트를 던져줄 구조요원이 될 것이다.

열정과 뚝심으로 재기에 성공한 김영식 회장, 그가 했던 말이 자꾸만 귓가에서 맴돈다.

"사람한테 잘하자. 특히 잘 나갈 때 잘하자. 늘 자신을 낮추고 상대방의 말을 경청하자. 그리고 상대방이 넘어졌을 때 일어나라고 손을 내밀자. 그래야 내 편을 만들 수 있다."

우리에게 기회는 온다. 어떻게 이 좋은 기회를 잡을 것인가? 좋은 사람과의 만남을 통해서 더 큰 기회를 창출할 수 있다는 생각을 가져보면 어떨까?

흥미를 가지면 기회가 온다

★ ★ ★ "흥미를 가져라.

당신의 마음이 흥미를 잃으면

당신은 정력과 생명력을 잃게 된다.

당신의 마음이 흥미를 잃게 되면,

아무런 일을 하지 않았는데도

당신은 그만 지쳐버리고 만다.

당신은 결코 지쳐서는 안 된다.

그러니 뭔가 의미 있는 일을 찾고

그 일에 흥미를 가져라.

뭔가 의미 있는 일에 철저히 몰두하라.

그 일에 당신 자신을 남김없이 쏟아부어라.

당신 자신을 온전히 바쳐라."

노먼 빈센트 필의 《적극적 사고방식》에 나오는 말이다.

성공한 사람들은 사소한 일에도 흥미와 호기심이 강한 사람들이다. 그들은 자신의 분야에 대한 관심은 물론 다른 사람들의 분야까지 관심을 가진 사람들이다. 관심이 많다 보니 직접 행동으로 실천하는 부분도 많다. 몸으로 움직이기 때문에 의사결정이 빠르고 매력 있는 부분을 쉽게 선택할 수 있다. 그리고 그 일을 분석해 판단이 서면 기회로 인식해서 모든 열정을 쏟아부어 새로운 부를 창출하기도 한다.

호기심이 왕성하면 그만큼 기회가 많아진다. 호기심을 많이 가지게 되면 그 일을 좋아하게 되고 그 일을 즐길 수 있다.

호기심 하면 떠오르는 인물이 누구인가? 많은 사람들이 빌 게이츠를 떠올리는 데 주저하지 않을 것이다. 왜냐하면 그는 항상 컴퓨터에 호기심을 가지고 있었고 열세 살의 어린 나이에 소프트웨어 프로그램을 만들었기 때문이다. 컴퓨터에 대한 호기심이 그로 하여금 자나 깨나 컴퓨터에 대한 연구를 게을리 하지 않고 연구에 몰두하게 해서 프로그램을 만들어낼 수 있었던 것이다. 결국 오늘날의 빌 게이츠를 있게 한 것은 아주 강력하고 지속적인 호기심이었던 것이다.

MS(마이크로 소프트)의 회장인 빌 게이츠는 이런 말을 했다.

"만약 어느 날 아침에 깨어보니 회사 건물이 화재로 잿더미가 되었다고 합시다. 하지만 나에게 20명의 우수한 직원만 있다면 빠른 시일 내에 모든 것을 다시 원상태로 복구할 수 있습니다. 그리고 자신이 근무하는 회사 혹은 부서의 제품에 대해 호기심을 가지는 일은 매우 중요합니다. 여러분은 반드시 그 제품을 사용해봐야 성능 및 장단점에 대해 알 수 있습니다."

빌 게이츠는 누구보다 사람의 존귀함을 잘 알고 있었고, 자신이 만드는 제품에 대한 호기심을 강조하기도 했다. 호기심이 있어야 일에 재미를 느낄 수 있고 성과도 낼 수 있다. 왜냐하면 호기심은 열정과 에너지뿐만 아니라 집중력을 생산하기 때문이다.

작은 햄버거 가게를 세계적인 패스트푸드 체인점인 맥도날드로 발전시킨 레이 크록의 사례를 보며 호기심의 파워가 얼마나 대단한지 알아보자.

그는 꿈을 이루고자 열심히 학업에 열중했지만 1931년 경제 대공황으로 중도에 학업을 포기할 수밖에 없었다. 부동산 사업에 뛰어들었지만 이번에는 제2차 세계대전이 발발해서 부동산 가격이 폭락하면서 알거지가 되어 사업을 접게 되었다.

그는 이후에도 포기하지 않고 밀크셰이크 장비업체의 세일즈를 하게 되었다. 52세가 된 레이는 산 베르나디노라는 도시에 위치한 작은 햄버거 식당에서 유명 백화점에서도 잘 팔리지 않는 믹서기를 무려 8대나 샀다는 사실에 호기심을 느껴 직접 방문했다.

그 식당 앞은 햄버거와 밀크셰이크를 사려는 손님들의 주문에 혼이 쏙 빠져나갈 정도로 문전성시를 이루고 있었다. 레이는 잠시 생각에 빠졌다.

'다른 가게들은 잘 안 되는데 왜 이 작은 햄버거 가게는 이처럼 장사가 잘 되는 것일까?'

'주문하면 1분도 안 돼 고객에게 판매되는 비결이 뭘까?'

레이는 바로 그 햄버거 가게의 주인인 맥도날드 형제에게 다른 곳에도 설립하자고 제안했다. 맥도날드는 반대했지만 결국 레이의 무서운 집념에 그 제안을 승낙했다. 1955년 4월 15일, 레이 크록은 주변의 만류에도 거금을 투자해서 일리노이 주 드 플레인즈에 첫 지점을 개장했다. 개장 첫날의 생각보다 많은 매출에 레이뿐만 아니라 맥도날드 형제도 깜짝 놀랐다.

이어서 레이는 맥도날드에 관한 모든 권리를 자신의 것으로 만들었다. 첫 지점을 오픈하고 10년이 지난 1965년 맥도날드는 44개 주에 710개의 지점을 갖게 되었다. 그리고 현재 맥도날드는 전 세계적으로 290,00개의 매장을 보유한 초대형 기업으로 성장했다. 오늘날 세계 곳곳에서 노란색 'M' 자의 맥도날드 로고는 햄버거의 상징이 되었다. 더불어 숱한 좌절에도 굴하지 않고 매사에 호기심을 갖고 모험에 도전한 레이 크록의 인간승리를 상징

하기도 한다.

　우리는 모두 어린 시절을 겪었다. 우리 모두는 안다. 어렸을 때 우리의 주위에 있는 모든 것은 호기심의 대상이었다. 모든 것이 새롭고 모든 것이 신기하고 모든 것이 놀라움의 대상이었다. 하지만 점차 자라면서 그 호기심이 사라졌다. 어린 아이 같은 호기심으로 세상을 바라보는 습관을 들여라. 지금까지 보고 듣고 느끼던 모든 것들이 새로운 경이로움으로 재탄생할 것이다. 우리는 끊임없이 자연과 사람과 사물을 만난다. 조금 더 다른 눈으로 다른 시각으로 호기심을 가지고 세상을 바라보자. 그러면 앞으로 더 큰 기회를 만들어나갈 수가 있을 것이다.

　오늘부터 매사에 호기심과 흥미를 갖도록 하자. 호기심 가득한 시선으로 세상을 바라보자. 책을 볼 때도, 나무를 볼 때도, 꽃을 볼 때도 새로운 관점으로 호기심 어린 눈빛으로 바라보자. 호기심의 즐거움을 누려야 한다. 만나는 사람, 사물, 자연 등 모든 것을 진지한 눈빛으로 미소를 머금은 모습으로 들여다보고 또 들여다보자. 그럼 창의력이 생길 것이고 즐거워질 것이다. 내가 관점을 바꾸면 다른 세상을 볼 수 있는 것이다. 내가 어떤 색으로 보느냐에 따라서 내가 어떤 곳에 초점을 맞추느냐에 따라서 새로운 기회가 성큼 다가올 수 있을 것이다.

★ ★ ★　나를 진정으로 이해해주고 사랑해줄 수 있는 파트너가 있는가? 0.1초 만에 이 질문에 대답을 할 수 있다면 행복한 하루를 설계할 수 있고 더 멋지고 아름다운 기회를 더 많이 만들 수 있을 것이다. 항상 분주한 삶 속에서 목표를 향해 질주하다 보면 에너지가 떨어질 수도 있고 힘이 들 수도 있다. 물론 스스로 열정과 에너지를 유지하기 위해서 많은 노력을 기울이다 보면 일정 부분 해소할 수도 있지만, 나를 신뢰하고 아껴주는 사람이 옆에서 나를 지지해주고 인정해준다면 더 큰 에너지원이자 힘이 될 것이다.

간절하고도 열정적으로 몰두하면 반드시 그것이 현실로 이루어진다. 내가 콩을 심었는데 팥이 나올 리 없다. 내가 비빔밥을 시켰는데 한정식이 나올 리 없다. 간절히 원하면 이루어진다. 즉 내가 꼭 집어서 간절히 원하는 그것이 이루어진다. 구체적으로 생생하게 꿈꾸면 현실이 된다. 시골에서 농사를 짓는 농부가 벼를 심으면서 이게 자랄까 말까를 의심할까? 전혀 아니다. 무조건 100% 확신을 가지고 모내기를 한다. 심어놓고 때가 되면 벼가 고개를 내미는 것이다. 콩도 팥도 옥수수도 깨도 마찬가지다. 이루고 싶은 목표와 꿈을 간절히 원하고 떠올려보라. 그러면 마음 속 깊은 곳에서 그 목표와 꿈에 대해서 어떻게 하면 그것을 이룰 수 있고 실현할 수 있는지 내가 생각지 못한 사이에 떠오르게 될 것이다. 그 에너지는 행동으로 옮겨져 정말 목표와 꿈이 하나씩 이루어지게 된다.

이처럼 세상은 내가 간절히 원하면 그대로 결과가 이루어진다. 인과응보라는 말이 있듯이 긍정적인 사고와 행동으로 원인을 제공하면 긍정의 결과를, 불평과 불만을 포함한 부정적인 행동으로 원인을 제공하면 그에 해당하는 결과를 얻게 되는 것이다.

긍정적인 사고는 하루아침에 완성되지 않는다. 매 순간 긍정적인 방향으로 갈 수 있도록 노력하고 지켜야 한다.

'근묵자흑(近墨者黑)'이라는 말을 아는가? 먹을 가까이 하면 자신도 검어진다는 의미다.

아무리 긍정적인 사람일지라도 부정적인 사람과 함께 하다 보면 닮아가기 마련이다. 그런데도 대부분의 사람들은 직장이나 인간관계, 여가활동 등에서 아무 생각 없이 사람들을 만나곤 한다. 이 때 긍정적인 사람보다 부정적인 사람을 더 많이 만나게 된다.

의도적으로 부정적인 것은 가급적 듣지도 보지도 말하지도 않되, 염려와 걱정을 버리고 부정적인 일이 생겨도 대수롭지 않게 넘기는 대범함이 필요하다. 우리가 에너지를 부정적인 것에 낭비하면 그만큼 긍정의 에너지는 줄어들기 때문이다. 긍정적인 사람들과 함께 있으면 신선한 자극이 되고 꿈과 목표에 대한 동기를 유지할 수 있기 때문이다.

나는 무엇을 위해 살고 있을까?

내 인생의 목표는 무엇일까?

나는 미래에 어떤 사람이 될까?

지금 잘 살고 있는 것일까?

지금 생활에 만족하고 있는가?

더 발전하기 위해서 어떤 노력을 기울일까?

삶의 변화를 위해서 어떤 노력을 해야 되는가?

자신에게 질문을 던져보라. 이렇게 자주 질문해봐야 한다. 자신의 목표와 방향을 아는 사람만이 자신을 이기고 극복할 수 있다.

이렇게 나 자신에게 내가 진정 원하는 것이 무엇인지 질문하고 답을 할 수 있어야 나에게 도움을 줄 수 있는 진정한 협력자를 만날 수 있는 것이다.

내가 알고 있는 지인 중에 이렇게 스스로에게 질문을 하고, 진정 원하는 것에 대한 답을 찾아, 13년 동안 한 곳에 선택 집중 몰입하였기에 대한민국 최고의 작가가 된 사람이 있다. 그런 명확한 목표에 대한 지속적인 노력 덕분에 지금 그는 원하는 삶을 살고 있고 주위에 많은 협력자가 있어 행복한 비전 여행을 하고 있다. 그는 책 쓰기 대학을 통해서 많은 사람들의 자기혁명을 선도하고 있다.

그는 현재 성공한 기업과 성공한 사람들의 사고와 습관 등을 분석해 이 시대에 맞게 성공 공식을 재정립하는 데 힘쓰는 한편, 기업과 기관, 대학교와 중·고등학교 등에서 다양한 학생들과 직장인들에게 '꿈'과 '동기 부여'에 대해 강연하고 있다. 10대들에게 '꿈 전도사'로 불리며 청소년 진로 선택에 명쾌한 해법을 제시하고 있다.

'김태광의 책 쓰기 대학'을 개설해 자신의 이름으로 된 책을 출간하고자 하는 사람들과 책 출간을 통해 퍼스널 브랜딩을 구축하려는 사람들을 돕고 있다.

오늘도 강연을 통해 대중들이 '저 사람도 저렇게 고생해서 성

공했는데, 왜 나라고 못해?' 라는 확신감과 자신감이 들 수 있도
록 최선을 다하고 있다.

"사람의 마음으로 인식되고 믿는 것은 모두 성취할 수 있다."
 성공철학의 대가 나폴레온 힐의 말이다. 이 말은 내가 생각하는
것은 내가 확신하는 순간 무엇이든지 이룰 수 있다는 말이다.
 나폴레온 힐은 고등학교 때부터 성공한 사람들을 인터뷰해 글
을 쓰는 일을 했다고 한다. 그러던 중 그에게 아주 획기적인 만남
이 있었다. 세계 최고의 갑부인 철강왕 카네기와의 만남이었다.
철강왕 앤드류 카네기는 나폴레온 힐에게 이런 제안을 했다.
 "만일 내가 자네에게 성공철학을 프로그램화하는 일을 맡긴다
면 어떻게 하겠나? 이 프로그램을 완성하는 데 대략 20년 정도
걸릴 것 같은데, 경제적인 어려움을 견디며 완성할 수 있겠나?
자네라면 반드시 완성할 수 있을 거야. 뿐만 아니라 많은 부를 얻
을 수 있을 걸세."
 나폴레온 힐은 잠깐 생각을 했다.
 '아니, 20년 동안 급여도 안 주고 나에게 성공철학 프로그램을
어떻게 만들란 말이야.'
 그러나 순간 카네기에 대한 신뢰와 카네기가 말한 용기에 힘입
어 제안을 받아들였다.
 이렇게 잠깐 동안의 철강왕 카네기와의 만남은 나폴레온 힐의

인생을 완전히 바꾸어버렸다. 그 뒤로 나폴레온 힐은 다니던 직장도 그만두고 세계적으로 성공한 성공자들을 만나 성공철학을 완성할 수 있었다. 그 성공철학 한 권이 나폴레온 힐의 가슴 뛰는 삶의 서곡이 된 것이다. 세계적인 베스트셀러 저자가 되었으며 최고의 동기부여가이자 성공철학의 대가가 되어 상상할 수 없는 부와 명예를 얻을 수 있었던 것이다.

10대들이여! 지금 옆에 누가 있는가? 옆에서 누가 어떤 이야기를 하는가? 나에게 소중한 사람이 지금 내 옆에 있을 수 있다. 내가 지금 만나는 사람들과 앞으로 만날 사람들에게 조금 더 진지하게 다가가 보자. 내가 마음을 열고 나를 인정해주고 지지해줄 사람을, 간절함을 가지고 찾을 때 분명 그 협력자는 반드시 내 옆에서 미소를 짓고 있을 것이다. 그리고 그대들이 앞으로 나아가다 지치고 힘들 때 오아시스가 되어 주기도 하고, 책이 되어 주기도 하고, 친구도 되어 주며, 동반자가 되어 줄 수 있을 것이다.

책은 나에게 기회를 준다

     ★ ★ ★　'오늘 나는 지혜를 적극적으로 찾아 나서겠다. 나의 과거는 결코 바꿀 수 없지만 오늘 내 행동을 바꿈으로써 나의 미래를 바꿀 수는 있다. 나는 오늘 당장 나의 행동을 바꾸겠다. 나의 인간관계에 긍정적인 변화를 가져오게 하고 또 나의 동료들을 더 잘 이해하게 해주는 책과 자료들을 열심히 읽고 듣겠다. 나는 나 자신의 능력과 미래에 대한 나의 신념을 굳건하게 해주는 것들만 읽고 또 듣겠다.'

앤디 앤드루스가 지은 책 《폰더 씨의 위대한 하루》에 나오는 내용이다.

내 주위에는 어떤 책이 있는가? 머리맡이나 화장실에 놓고 애지중지하는 책은 무엇이 있는가? 똑같은 한 권의 책이지만 읽을 때마다 새롭게 다가옴을 느끼는 책이 있는가? 책이 감칠맛 나게 다가온 적이 있는가? 깊게 우려낸 메주에서 간장을 담아내듯이 한 권의 책 속에서 보물을 발견하려면 어떻게 해야 하는가? 책 속에 나 자신을 빠뜨려야 한다. 한 발만 담그고는 깊은 참맛을 느낄 수가 없다.

한순간의 지식이 아닌 지혜의 샘을 독서에서 찾아야 한다. 독서를 통해 기회의 보물단지를 늘리는 작업을 쉼 없이 해야 한다. 한 권의 책 속에 숨겨져 있는 저자의 경험을 발견해야 한다.

'스티브는 뛰어난 독서가지만 독서를 하는 데 너무 많은 시간을 허비한다.'

책 읽는 데 몰두한 나머지 초등학교 공부에 소홀할 정도였던 애플의 창업자 스티브 잡스의 성적표에 기록된 글이다.

스티브 잡스는 수많은 고민과 궁금증에 대한 해답을 책에서 찾았다. 오랜 시간을 기록한 역사서, 아름다운 문장으로 씌어진 문학, 인문 고전, 과학, 기술 분야, 여러 철학자들의 깊은 생각이 깃들어 있는 철학 등 자기 삶의 문제에 대한 답을 책에서 찾았다.

스티브 잡스는 기술만으로는 사람을 만족시킬 수 없으니 인문학과 기술, 과학을 융합시켜서 전 세계를 감동시킨 제품을 만들 수 있는 아이디어를 책에서 얻었다.

좋은 책은 우리의 심장을 더욱 뛰게 한다. 만일 여러분이 읽은 책 한 권이 아직도 심장을 뛰게 하는 책이 있는가? 좋은 책과의 만남은 커다란 기회이자 행운이자 횡재이다. 왜냐하면 오랫동안 우리의 마음속에 감동과 여운이 남아 있으며 오래도록 가슴을 뛰게 하는 매력이 있기 때문이다.

책을 읽으면서 설렘과 흥분을 느껴본 적이 있는가? 책이 주는 가장 큰 매력은 초콜릿 같은 달콤함에 빠져들게도 하고 새로운 기회와 도전을 하도록 동기 부여를 하게 만든다는 점이다.

마라톤을 완주하는 장면을 본 적이 있는가? 모두가 짜릿한 감동과 성취감을 맛볼 수 있는 최고의 순간인 듯하다. 일상을 마라톤을 하듯이 짜릿한 감동의 순간으로 만들 수 있는 최고의 비결은 훌륭한 책과의 만남이다.

한 권의 좋은 책을 만날 때마다 심장이 두근두근 뛰고 감동으로 만들 수 있다면 이 어찌 마라톤 완주에 비길 수 있겠는가?

그렇게 하기 위해서는 많은 책을 읽어야 함은 당연한 것이다. 많은 책을 접하다 보면 위대한 책과의 만남이 이루어진다.

손때가 묻어나는 책들 속에서 나는 하루하루를 최고의 순간으로 만들 수도 있다.

매일매일 보약을 먹는 것이다. 한 권의 책 속에서 보약 한 첩씩을 먹고 있는 것이다. 그러고 보면 책은 무척 싼 편이다. 우리를 건강하게 하는 아니 마음을 포동포동 살찌우는 배려, 사랑, 정직, 헌신, 존중, 자신감, 성취감, 도전정신 등의 많은 유용한 약재를 사용하여 우리에게 제공하고 있으니 말이다. 게다가 하루를 즐겁고 행복하게 할 수 있는 힘과 아이디어를 제공하고 있다.

건강의 균형을 위해서 우리는 비타민을 먹는다. 독서 자체가 우리 마음에 비타민을 제공하는 것이다. 우리를 설레게 하고 흥분되게 하는 묘미가 책이 주는 가장 큰 유익이다. 일상에 기대감을 갖게 하고 훌륭한 선택과 결단을 하게 해주는 것도 또 다른 독서의 유익이다.

고민이 많은 사람들이 즐겨 하는 것에는 여러 가지가 있겠지만 혼자 또는 친구들과 함께 술에 많이 의지하는 편이다. 술에 흠뻑 취해도 고민은 해결되지 않는다. 머리만 지끈지끈 아프고 속이 쓰리고 다음 날 업무에 지장이 생긴다.

앞으로는 책에 취해 보면 좋겠다. 책에 한 번 흠뻑 빠져보는 것이다. 책을 읽으며 상상의 나래를 펴보는 것이다. 책과 씨름을 하며 땀을 흘려보는 것이다. 책의 부분 부분을 음미하면서 읽어보며 묵상을 해보는 것이다. 책 속에서 답을 찾아보는 것이다. 보고 또 보고 생각하고 또 생각하면 고민이 해결된다.

'책이 사람을 만든다'는 말을 들으면 어떤 생각이 드는가?

여러분이 책에 푹 빠져 위대한 비전을 설정할 수 있으면 좋겠다. 아울러 비전을 달성하는 데 책이 아주 유익한 역할을 할 수 있으면 좋겠다.

멋진 꿈의 나래를 펼치기 위해서는 어떤 도구가 필요할까? 여러 가지가 있겠지만 그중의 하나는 책이라는 생각이 들지 않는가? 책을 보면서 진정으로 원하는 것을 찾았으면 좋겠다.

인생은 길고 멋진 여행이 아닌가? 한 살이라도 어렸을 때부터 책을 친한 친구로 사귀었으면 좋겠다. 얼마나 든든하겠는가? 수없이 많은 좋은 훌륭한 책들을 친구로 사귀게 된다면 말이다. 위인들을 언제든지 만나서 멘토와 스승으로 대할 수 있다면 이 얼마나 멋지고 아름다운 여행이 되겠는가?

'민들레 영토'의 지승룡 사장을 아는가? 민들레 영토의 성공 원인은 고객에게 다가가는 어머니의 사랑을 주제로 한 감성 마케팅이 핵심이다.

지승룡 사장이 힘들 때 위로해주고 힘이 되어준 것이 무엇이었을까?

그것은 다름이 아닌 책이었다. 지승룡 사장은 독서광이다.

3년에 2,000권의 책을 독파했다고 하니 놀랍지 않은가? 다양한 분야의 책을 읽고 책 속에 담긴 지혜를 민들레 영토 성공전략에 고스란히 반영한 것이다. 무에서 유를 창조하는 스토리를 책을 통해서 만들 수 있었던 것이다.

독서는 우리에게 기회를 준다. 독서는 우리에게 힘을 준다. 독

서는 우리에게 윤활유를 제공한다. 독서는 우리에게 강력한 에너
지원이다. 독서는 우리에게 보약이자 비타민이다. 더울 때는 팥
빙수와 같은 시원함을 주고 추울 때는 시골의 따뜻한 아랫목에서
느낄 수 있는 정감과 편안함과 따스함을 준다. 비가 올 때는 우리
에게 우산을 제공한다. 눈이 올 때는 우리에게 축제의 장을 제공
한다. 태풍이 불 때는 우리에게 마음의 안식처를 제공한다. 힘들
고 지칠 때는 쉬어갈 수 있는 그늘을 제공한다. 짜증이 날 때에는
웃을 수 있는 여유를 준다.

독서는 우리에게 긍정적인 마인드와 미소와 행복을 주는 것이
다. 우리에게 무한한 자유와 행복을 주는 독서의 유익을 어찌 말
로 다할 수 있을까? 믿고 행동하면 되는 것이다. 독서가 주는 여
러 가지 기회를 믿고 독서의 효과를 믿고 매일을 독서와 함께 할
수 있는 시스템을 만들어야 하는 것이다. 매일 30분 이상 독서
습관을 들인다면 나의 하루를 최고로 만들 수 있다. 더 나아가 책
을 좋아하는 사람들과의 정기적인 만남이 이루어진다면 그 효과
는 더욱 시너지 효과를 발휘할 수 있을 것이다. 왜냐하면 독서는
우리를 강하게 하고 즐겁게 하고 행복하게 해주는 보약이자 비타
민이기 때문이다.

구체적이고 명확한 목표를 그리고 싶은 사람이라면 반드시 책
을 읽어야 한다.

행복은 성적 순이 아니지만 공부하는 독종이 성공한다

★ ★ ★ 행복은 성적 순이 아니지만 공부하는 독종이 성공한다.

'행복은 성적순이 아니잖아요' 라는 영화를 필자가 10대였을 때 본 적이 있다. 영화 제목이 10대들의 마음을 얼마나 울렸겠는가? 그 당시 필자도 공부를 잘하지 못했기에 위로를 받고 싶은 마음에 이 영화를 본 걸로 기억된다.

영화의 내용은 이렇다.

고교 2년생인 봉구와 천재는 성적이 바닥이다. 봉구는 성적이 우수한 은주를 좋아하고 천재도 양호 선생님을 짝사랑한다.

창수는 가난한 환경 때문에 어머니를 도와 청소 리어카를 끄는 일을 하지만 풍요로운 환경에서 자란 은주는 항상 창수를 비아냥 거린다. 은주는 공부를 아주 잘해 항상 좋은 성적을 유지했다.

하지만 부모님 때문에 성적에 대한 집착이 강한 은주는 강박관념에 시달리고 봉구의 순수한 사랑에 마음이 흔들려 학교와 집을 떠나 둘만의 기쁨을 만끽한다. 하지만 다시 현실로 돌아온 은주는 7등을 하게 되고 부모의 차가운 눈초리에 아파트 옥상에서 투신자살을 하고 만다. 텅 빈 은주의 책상 자리에 꽃 한 송이가 놓이고 운동장엔 은주의 영구차가 학교를 도는 가운데 봉구도 비통한 눈물을 흘린다.

10대들의 꿈은 봉구와 은주가 야외에 나가서 삶의 기쁨을 누리길 원한다. 공부가 인생의 전부는 아니다.

공부하기 싫은 10대들은 행복은 성적 순이 아니라고 믿고 싶고 위로 받고 싶을지 몰라도 성공은 그렇지가 않다. 사회에 나와서는 성공은 성적순이 아닐 가능성이 많다.

어른들은 하나같이 자녀들에게 공부하라, 지금 공부 안 하면 후회한다, 공부해서 남 주냐, 지금 공부 안 하면 나중에 손발이 고생한다고 충고한다. 이 충고를 들었을 때 여러분은 마음속에서 어떤 외침이 들렸는가? '듣기 싫어' 아니면 '그만하세요'라고 대답하는가? 듣기 좋은 말도 여러 번 들으면 기분이 좋지 않다. 듣기 싫을지 모르지만 현실에서는 공부 안 하면 후회하게 된다.

공부 안 하면 정말 손발 그리고 온 몸이 고생한다.

마이크로 소프트의 회장 빌 게이츠가 마운틴 휘트니 고등학교에서 학생들에게 충고한 말을 들어보자.

"대학교육을 받지 않은 상태에서 연봉 4만 달러가 될 것이라고는 상상도 해선 안 된다. 학교 선생님이 까다롭다고 생각한다면 사회에 나와서 직장 상사의 진짜 까다로운 맛을 느끼게 될 것이다. 공부밖에 할 줄 모르는 바보한테 잘 보여라. 사회로 나온 다음에는 아마 그 바보 밑에서 일하게 될지도 모른다."

사회생활을 하다 보면 10대 시절 열심히 공부하지 않은 것에 대해 뼈저리게 후회하게 된다. 10대 시절 공부를 잘했던 사람들의 부하가 되어 심한 스트레스 받아 가며 일하는 자신이 비참하기 때문이다.

우리나라에서 대부분의 성공한 사람들은 10대 시절에 공부를 아주 잘했던 사람들이다. 가끔 뉴스나 신문의 기사를 보면 학창 시절에는 공부를 못했지만 사회에 나가서 성공한 사람들이 있다. 10대 시절에는 공부를 못해 후회해서 사회에서는 자기 분야를 공부하는 데 더 몰입했기에 성공한 것이다.

잘 알려진 기업과 정부기관의 핵심 임원들은 우리나라 명문대나 외국의 유명대학 출신이 대다수다. 명문대를 나와도 성공하지 못하는 경우가 있고 심지어 취직조차 하지 못한다는 신문 기사도 종종 있다. 하지만 명문대를 졸업한 인재들은 대체로 취업도 잘 되고 자기 전문 분야에서 두각을 나타낸다.

많은 사람들이 성공하고 싶어 한다. 하지만 극소수의 사람들만 성공한다.

극소수의 성공한 사람들은 남들이 노는 주말에도 공부하고 남들이 자는 저녁과 새벽에도 공부하며 자신과 싸워서 이겼기에 성공이라는 달콤한 열매를 딸 수 있었던 것이다.

극소수의 성공한 사람들은 공부를 통해 자신의 꿈을 실현했고 더 큰 꿈을 이루기 위해 지금도 공부하고 있다.

공부와 성공의 상관관계를 이야기하면, 공부를 잘하는 사람이 100% 성공한다는 보장은 없지만 그래도 공부를 잘하면 그렇지 못한 사람들보다는 월등히 성공할 확률이 높은 게 사실이다. 10대 시절에 공부를 잘하면 명문대를 갈 수 있고 다양한 기회를 누릴 수 있다.

이 책을 읽는 여러분은 성공하고 싶은가? 성공하고 싶다면 공부하라. 노력하지 않고는 결코 달콤한 열매를 딸 수 없는 법이다.

공부를 잘할 수 있는 비결에 대한 고승덕 변호사의 말을 반드시 기억하자.

"인생은 똑같은 사람들이 경쟁하는 것이다. 다른 사람보다 조금만 더 노력하면 성공할 수 있다. 나는 대학교 다닐 때 비빔밥을 먹으며 보통 학생들보다 2배 많은 평균 17시간을 공부했다. 그래서 사법시험에 합격할 수 있었다. 남들보다 조금만 더를 외쳐보라.”

고승덕 변호사는 너무도 공부하고 싶은 마음에 밥 먹는 시간도 아까웠다. 반찬 떠먹는 시간도 아까웠다. 씹는 시간도 아까웠다. 그래서 모든 반찬을 밥과 비벼 최대한 씹는 시간도 아끼기 위해 비빔밥을 만들어 먹었다. 숟가락을 놓는 그 순간부터 공부는 항상 계속되어야 했다. 너무 심한 게 아니냐고 반박할 수도 있지만 그야말로 성공에 대한 간절함과 절박함이 하루 세끼 먹는 식사 시간까지 아까워하게 만든 것이다.

공부를 잘하는 비결은 시간과의 싸움에 달려있다. 엉덩이를 진득하게 오랫동안 의자에 붙이고 앉아서 책을 많이 보아야 좋은 결과가 나온다.

이렇듯 10대들이여! 성공하기 위해서는 공부할 수 있을 때 독하게 공부하라. 집이 어렵고 힘들어서 좀 더 나은 생활을 하고 싶다면 지금 간절함으로 공부하라. 인생 역전해서 성공시대에 나오고 싶다면 절박함으로 공부하라.

적극적으로 움직여야
기회가 온다

★ ★ ★ 젊은이 둘이서 대학교 근처
에 피자와 치킨을 파는 가게를 열었다. 가게 안이 좁았기 때문에
손님들이 들어와서 먹기에 불편했다. 그래서 생각한 것이 낡은
자동차로 손님들이 주문을 하면 배달을 하는 것이었다.

그런데 생각했던 만큼 매출이 오르지 않자 둘은 심각하게 고민
했다. 앞으로 어떻게 하면 좋을지 의논을 하였고 이 의논으로 두
사람의 인생이 결정되었다. 한 사람은 사업을 접었고, 다른 한 사
람은 미국에서 가장 큰 프랜차이즈 업체인 도미노 피자의 사장이
되었다.

내가 준비를 하지 않았는데 기회가 찾아올까? 설사 기회가 찾아온다 해도 그 기회를 날려버릴 것이다. 그냥 막연하게 기회가 오기만을 기다리면 아무 일도 일어나지 않는다. 항상 매사가 기회라고 생각하는 자세가 중요하다. 특히 내 주위에 있는 소소한 것들을 모두 기회로 인식하는 것이 중요하다. 오늘이 기회이다. 지금이 기회이다. 지금 이 시간이 기회인 것이다. 너무 멀리서 기회를 찾으려고 하지 말자.

허공에 떠 있는 구름을 잡으려고 하지 말고 가까운 곳에서 기회를 찾아보도록 하자. 지금부터 항상 기회의 문을 열고 미래를 준비하는 자세가 중요한 것이다. 생각난 것이 있으면 너무 많이 고민하지 말고 행동으로 옮겨보자. 내가 실천하고 행동으로 옮길 때 그 작은 행동 속에서 더 큰 기회의 문이 열릴 것이다.

하고 싶은 계획이 있어도 심사숙고하다 보면 주저하며 할 수 없게 되는 경우가 있다. 생각하는 시간이 중요하지만 일에 따라서는 생각하기 전에 행동하는 것도 필요하다.

기회는 자기 스스로가 만들어가는 것이다. 크게 시작하는 것이 아니라 작게 시작하는 것이다.

필자가 일본에서 정수기 사업을 했을 때의 이야기다.

자주 가는 거래처를 방문하는 것은 어려운 일이 아니었다. 담당자와 안면이 있기 때문에 긴장할 필요가 없었다. 또한 그 정보를 기초로 해서 상대방의 상태를 살펴가며 이야기를 진행할 궁리도 할 수 있다.

그러나 이와는 달리 같은 영업에서도 갑작스럽게 결정해야 하는 경우에는 용기가 필요하다. 어떤 사람이 나올지, 어떤 식의 진행방식이 좋을지 사전에 알 수 없는 경우가 있다. 모르기 때문에 불안하다. 어떤 사람이 나올지, 거절당하면 어떻게 할지 생각만 해도 불안해지기 때문에 좋은 결과를 얻을 수 없다.

그럴 때는 결과에 대해서는 나중에 생각하고 우선은 상대와 부딪혀본다. 잘 되면 좋고 실패해도 좋은 경험이라 생각하면 좋다.

나는 내가 만나고 싶은 사람에게 사전 약속 없이 갑자기 만나러 가는 편이었다. 누굴 만날까 순서도 생각하지 않았다. 아무튼 만나러 갔다. 그리고 만날 수 있으면 좋았다. 그 사람에게 내 의견을 당당히 말하면서 반응을 보고 미련 없이 깨끗하게 돌아왔다. 담당자를 만날 수 없을 때도 있었다. 그럴 때는 전달이 가능한 사람에게 용건을 전하고 나중에 또 방문했다.

옆에서 보면 아주 뻔뻔스럽고 낯 두꺼운 녀석이라고 생각할지도 모른다. 이런 것 저런 것 생각하면 아무 일도 못한다. 그러한 일들을 두려워하면 움직이지 못하게 된다. 나는 말도 안 되는 일본어로 돌격 앞으로 전진했다. 내가 일본어로 명사, 동사만 던지면 상대방이 알아서 해석하고 생각해서 답을 주었다. 나는 그 결과의 방향을 따라가기만 하면 된다.

창피하다거나 쫓겨나면 어떻게 하지 같은 생각들은 답이 나오지 않는 문제들이다. 그러므로 결국 이런 생각들은 쓸데없는 시간낭비일 뿐이다.

일단 시작하고 나서 생각해도 늦지 않다. 시작하기도 전에 고민하는 동안 고객은 다른 곳으로 떠나버린다. 일단 고객 앞으로 전진하라. 그럼 고객이 반응을 보일 것이다. 우리는 그 반응에 따라 태도를 보이면 된다. 행동은 힘이다. 적극적으로 움직이면 막힌 상황을 뚫어낼 수 있는 계기가 만들어진다.

거기서 일어나는 모든 책임을 자신이 진다는 각오로 행동하면 두려울 것이 없다. 강하게 믿고 행동할 수 있게 되면 20퍼센트의 성공이라도 할 수 있다. 하지만 전혀 움직이지도 않으면 성공할 확률은 제로다.

행동하지 않으면 아무 일도 일어나지 않는다. 그러므로 너무 많은 결과를 생각하지 마라. 일단 먼저 해보아라. 꿈이 이루어지도록 나 자신이 적극적으로 움직이고 행동하면 우연을 기회로 바꾸어 놓을 수 있는 것이다. 그래서 어느 날 갑자기 찾아올지도 모를 기회를 위해 미리 준비하는 자세가 중요하다.

적극적으로 움직여서 무에서 유를 창조한 사람이 있다. 모든 사람들이 부정적으로 바라보는 시선을 적극적으로 움직이고 행동하여 기회를 잡은 사람의 이야기다.

섬마을 볼 보이 출신의 골퍼 양용은 선수를 아는가?

　미국 프로골프 PGA투어는 전 세계 골퍼들이 도전하고 싶어 하는 최고의 무대이자 치열한 경쟁으로 인해 전쟁터를 방불케 하는 곳이다. 양용은 선수는 2009년 동양인 최초로 미국 PGA투어 메이저급대회에서 우승하며 기적의 주인공으로 주목 받았다. 그것도 전 세계 골프 황제로 군림하던 타이거 우즈를 꺾고 챔피언이 돼 극적 효과를 더했다. 가정 형편이 넉넉지 않았던 양용은 선수는 골프를 배울 여건이 아니었고 그렇다고 골프 신동도 아니었다. 고등학교 졸업 후 생활비를 벌기 위해 골프 연습장 볼 보이로 일하던 그는 어깨 너머로 골프를 배우기 시작했다. 그에게 골프는 신기하고 오묘한 파라다이스였다. 골프 클럽을 잡으면 왠지 모든 것을 품은 것처럼 힘이 솟았고 공이 멀리 날아가는 모습을 볼 때는 마치 꿈이 이루어지는 모습이 연상되며 하늘을 둥둥 나는 듯한 기분이 들었다. 아버지는 골프를 못하게 적극적으로 막았지만 그는 철저한 연습을 거쳐 프로로 데뷔했고 세계 챔피언까지 된 것이다.

　양용은 선수는 후일 인터뷰에서 골프로 성공을 꿈꾸는 후배들에게 이렇게 조언했다.

　"성공만을 바라고 골프선수가 되는 것은 말리고 싶다. 골프를 좋아하고 즐기며 최선을 다할 각오가 있다면 얼마든지 덤벼보라고 권하고 싶다. 성공하겠다는 의지는 중요하다. 하지만 여기에 즐김이 더해지지 않는다면 성공에 다가설 수 없다. 즐김은 의지보다 강하다."

　양용은 선수는 적극적으로 움직였기 때문에 기회를 잡은 것이다. 환경을 탓하며 안주할 수밖에 없다고 하고 싶은 의지를 스스로 포기할 수도 있었다. 그러나 양용은 선수는 적극적으로 도전한 것이다. 땀방울을 흘린 만큼, 적극적으로 움직이고 노력한 만큼 결과가 있을 것이라고 확신하고 앞으로 나아간 것이다. 양용은 선수에게 박수를 보내고 싶다. 평범함을 비범함으로 바꾸었으며 무에서 유를 창조한 사람이기 때문이다.

　당신이 진정으로 하고 싶은 일은 무엇인가? 당신이 진정으로 좋아하는 일은 무엇인가? 당신이 진정으로 하고 싶고 좋아하는 일의 교차점을 찾아내 그 일을 한다면 원하는 목표보다 몇 배의 성과를 달성할 수 있을 것이다. 우리는 좋아하면서도 잘하는 일을 해본 경험이 있다. 그때가 떠오르는가? 무엇이 보이고 무엇이 들리고 어떤 느낌이 드는가? 아마도 기분 좋은 짜릿한 경험으로 다가올 것이다. 아주 생생하게 즐겁고 행복한 추억으로 자리매김하고 있을 것이다. 매일 내가 좋아하고 잘하는 일을 하는 모습을 칼라로 생생하게 그려보라. 생각하는 것만으로도 기분이 좋아지고 자신감이 증가되고 더 큰 기대감이 나에게 폭풍처럼 밀려올 것이다.

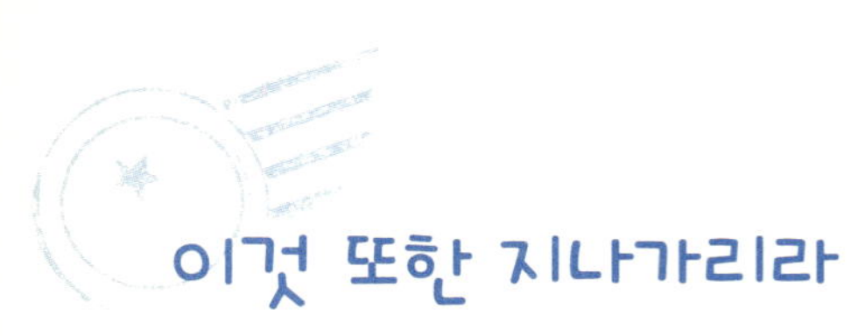

이것 또한 지나가리라

★ ★ ★ 유대인의 지혜서라는 《미드라시》에 이런 이야기가 있다.

어느 날 다윗 왕이 궁중에서 보석을 만드는 세공사를 불렀다. 다윗 왕은 세공사에게 이렇게 명령을 내렸다.

"내가 늘 가지고 다닐 만한 보석을 하나 만들어라. 그 보석에는 좋은 글귀를 하나 적어두면 좋겠다. 어떤 일을 해서 좋은 성과를 올렸을 때 그 글귀를 보면 우쭐대지 않고 겸손할 수 있는 마음을, 반면에 견디기 힘든 시련이 왔을 때 그 글귀를 보면 힘을 얻어 다시 힘차게 생활할 수 있게 해주는 글귀여야 한다.”

그 말을 들은 세공사는 바로 아주 멋진 반지를 만들었지만 고민에 빠졌다.

‘어떻게 다윗 왕이 말씀하신 보석에 새길 만한 글귀를 찾아낸단 말인가?’

‘어떤 글귀를 새겨야 다윗 왕이 기뻐하실 것인가?’

이렇게 고민을 하다가 최고의 지혜왕인 솔로몬 왕에게 찾아가 이런 사연을 이야기했다. 세공사로부터 이야기를 듣게 된 솔로몬 왕도 깊은 고민에 빠졌다.

한참 고민을 하던 솔로몬 왕이 입을 열었다.

“이렇게 써 넣으면 어떨까. 이것 또한 지나가리라.”

솔로몬 왕이 다시 입을 열었다.

“전쟁에서 승리했을 때 이 글귀를 보면 겸손한 마음을 가지게 될 것이고 만약 절망에 빠졌다면 이내 표정이 밝아지고 용기를 얻을 것이다.”

어떤 문제든 긍정적으로 바라보고 침착함을 잃지 않는다면 반드시 해결책은 있다. 문제 속에는 항상 열쇠가 씨앗처럼 숨어있기 때문이다.

그러나 사람들은 갑자기 찾아온 시련에 불안해 한다. 끝이 보이지 않는 시련 속에서 자신의 생각을 부정적인 방향으로 몰고 간다. 불안한 마음은 자신을 깊은 곤경에 빠지게 할 수도 있다.

그동안 여러분은 크고 작은 시련에 직면했던 적이 있을 것이다. 그때마다 여러분은 그 시련을 피해 달아나거나 아니면 최선을 다해 문제를 해결했을 것이다. 문제를 해결할 당시를 떠올려 보라. 그 순간, 여러분의 모습은 어땠는가?

분명 처음에는 당황했을 테지만 차츰 시간이 지나고 마음의 평정을 되찾았을 것이다. 그리고 문제 해결을 위해 시간과 땀을 들여 노력했을 것이다.

코리안 특급 박찬호가 발차기 투수로 시련을 겪을 때이다.

박찬호 선수가 출전한 경기에서 그만 만루 홈런(4점짜리)을 맞아 버렸다. 그러다가 수비가 끝나고 공격을 시작했는데 어느덧 박찬호 선수 자신이 타석에 들어설 차례가 되었다. 박찬호 선수는 번트를 했기 때문에 그냥 살짝 태그만 해도 아웃이 되는데 벨 선수가 박찬호를 약올리려는 듯 '밀치는 수준'으로 태그를 했다. 박찬호는 그렇지 않아도 만루 홈런을 맞아 속이 상해 있었는데 수비수가 태그를 하면서 밀치자 기분이 상했다.

그래서 벨 선수에게 '왜 이렇게 세게 미느냐, 좀 살살 하면 안 되냐'고 말했더니 벨 선수가 박찬호 선수에게 심한 발언을 했다. 화가 난 박찬호가 달려들며 발차기를 하였지만 선수들이 말려서 제대로 하지는 못했다.

그 후에 박찬호 선수가 정중히 사과해서 벨 선수와도 화해했다. 하지만 그 이후 박찬호 선수는 발차기 투수라는 이유로 마이너리그로 강등되었다. 그는 끝이 보이지 않는 시련 속에서 오로지 메이저리그로 다시 가는 날을 꿈꾸며 피나는 노력으로 시간을 보냈다. 그리고 드디어 2년 후 다시 메이저리그로 올라가게 되었다. 이후에도 여러 가지 힘든 시련도 많았지만 그것을 잘 이겨내고 메이저리그에서 17년 동안 생활하면서 아시아 출신 투수 통산 최다승 기록 보유라는 위대한 타이틀을 얻게 되었다.

끝이 보이지 않는 최악의 상황을 경험하면 그 다음에는 이상하게도 찬스가 오게 된다. 필자도 지나온 세월을 돌이켜보면 운이 좋았다고 생각하지만 행운은 반드시 위기 후에 찾아왔다. 그렇기 때문에 나는 사태가 나빠지면 가까운 시일에 아주 좋은 찬스가 올 것이라고 생각하고 있다.

'나는 운이 없어. 나는 좋은 기회가 없어'라고 자주 말하는 사람이 있다. 들어보면 확실히 운이 없거나 좋은 기회가 눈앞에 와도 놓치고 만다. 그러나 그 사람은 찬스와 시련이 같이 찾아온다는 것을 모르고 있는 것 같다. 그렇기 때문에 시련이 주는 고생으로 인해 그 다음 찾아오는 찬스를 놓쳐버리고 마는 것이다.

월트디즈니는 1901년 시카고의 가난한 한 목수의 4남으로 태어났다.

1918년 미국이 제1차 세계대전에 개입하자 디즈니는 형 로이를 따라 자원입대했고, 제대한 뒤 고향인 캔자스시티로 돌아와 광고 대행사의 미술가로 취직하지만 한 달 만에 '그림에 재능이 없다'는 이유로 해고되었다.

1922년 디즈니는 친구와 함께 회사를 설립하여 단편 만화영화를 제작하기 시작했다. 그러나 관객의 호응을 얻지 못해 스튜디오가 폐쇄됐다.

파산한 후인 1923년 디즈니는 할리우드로 가서 형 로이와 손잡고 '디즈니 브러더스 스튜디오'를 세웠다. '행운의 토끼 오스왈드'와 '앨리스 시리즈'를 어렵사리 히트시켰지만 배급상들에게 캐릭터를 빼앗기는 시련을 겪어야 했다.

월트디즈니 프로덕션은 4년 뒤인 1932년 미키 마우스를 만든 공로로 아카데미 명예상을 받았다.

'미키마우스' 시리즈를 내놓으며 주목을 끈 디즈니는 1937년 첫 장편 컬러 만화영화인 '백설공주'에 이어 '피노키오', '신데렐라' 등을 잇달아 내놓으면서 대성공을 거뒀다.

시련 앞에서 두려워하거나 좌절해서는 안 된다. 시련은 나를 더욱 성장하게 만든다. 시련이 있기에 오늘보다 더 좋은 내일을 기대할 수 있는 것이다.

필자는 시련과 기회는 마치 동전의 앞뒷면이라고 생각한다. 짜증나는 일, 불행한 일, 잘 되지 않는 일이 커지면 커질수록 나중에 그것과 같은 정도의 좋은 일이나 기회가 반드시 찾아온다. 그렇게 생각하고 있으면 무언가 잘 되지 않을 때도 그 전에 어느 정도 마음의 준비를 할 수 있고, 반대로 좋지 않은 일이 계속된다고 해도 조금은 여유를 가질 수 있게 된다.

두 살 때 열로 인해 귀머거리, 소경, 벙어리가 되었지만 그런 장애를 극복하고 미국의 여류 문필가로 또 사회사업가로 성공한 헬렌 켈러는 시련에 대해서 이렇게 말했다.

"쉽고 편안한 환경에서는 강한 인간이 만들어지지 않는다. 시련과 고통의 경험을 통해서만 강한 영혼이 탄생하고 통찰력이 생기며 일에 대한 영감이 떠오른다. 이 모든 과정을 겪은 후에 찾아오는 것은 단 하나 바로 성공이다."

살아가면서 힘들고 감당할 수 없는 시련을 만났을 때 우리가 명심해야 할 진리는 시련을 만나지 않으면 결코 새로운 만남의 기회를 발견할 수 없게 된다는 것이다. 삶이 어려움에 처했을 때 자신이 가진 최고의 능력들이 발휘되며 그것은 우리를 성장하게 만들어준다.

우리가 성장하는 데 그런 경험이 필요 없다면 그 경험은 우리에게 찾아오지 않을 것이다. 우리는 그 상황을 평온하고 자신 있게 이겨내야 한다. '이것 또한 지나가리니' 라고 생각하면서.

성공자들의 습관, 메모

성공자들이 가진 습관 중 하나는 메모를 즐겨 한다는 것이다. 메모는 순간적으로 떠오른 기발한 생각이나 아이디어를 허공으로 사라지지 않게 해준다. 심리학자 어빙하우스의 망각이론에 따르면 보통 사람들은 20분이 경과하면 초기기억의 50% 정도를 망각한다고 한다. 따라서 메모하는 습관만 잘 실천해도 지금 하고 있는 일의 능력을 2배로 끌어올릴 수 있다. 메모는 기억력을 보완해주고 떠오른 창의적인 아이디어를 기록하고 당시 상황을 다시 생각하게 해준다.

메모의 힘을 과소평가하지 마라. 지금 하고 있는 메모가 당장은 효용이 없을지 모르지만 여러분의 성공의 단초가 될 수도 있다. 그 메모를 통해서 바로 기발한 아이디어나 착상이 떠오르진 않을 지라도 시간이 지나고 성숙되면 새로운 모습으로 변모할 수도 있다. 나의 기억과 상상의 힘을 믿지 말고 틈만 나면 스쳐가는 단상들을 절대로 놓치지 말고 메모하라.

메모는 어떻게 하느냐가 중요하다. 잘 정리해둔 메모는 인생의 전환점이 되는 강력한 도구가 되어 나에게 도움을 줄 수 있다. 메모하는 데 정답은 없다. 그러나 메모를 통해서 성공한 사람들의 내용을 정리해보면 다음과 같이 하는 것이 많은 도움이 될 수 있을 것이다.

1. 시도 때도 없이 장소, 환경에 연연하지 말고 항상 펜을 들고 메모하는 습관을 가져라.
2. 정성을 들여 하되, 메모의 중요도를 색 볼펜을 이용해서 구별하라.
3. 나만의 독특한 방식을 활용하여 순간 스치는 번뜩이는 아이디어를 놓치지 않도록 나만의 메모습관을 만들어라.
4. 모든 일상생활이 메모의 대상이 된다고 생각하라.
5. 잊어버리지 않고 계속 생각하고 싶은 메모가 있다면 눈에 띄는 곳에 붙여 놓아라.

발명왕 토머스 에디슨이 남긴 메모와 서류는 모두 500만 장이 넘는다고 한다. 머릿속에 떠오른 아이디어와 실험과정을 적어둔 노트도 35권이나 된다. 세기의 천재로 손꼽히는 에디슨이니 전구에 불이 들어오듯 아이디어가 번쩍번쩍 떠오르고 필요할 때마다 머릿속에서 바로바로 발굴할 것 같지만 사실은 조금 전에 한 말도 바로 잊어버리는 평범한 인간이었고 이 때문에 메모광이 되었던 것이다. 사소한 아이디어가 떠오를 때마다 이를 메모하고 여기에 또 다른 생각들을 더해 위대한 발명품을 탄생시킨 것이다. 생각의 마디를 층층이 쌓는 훈련과 지속적인 노력이 위대한 발명왕을 탄생시킨 원천이었던 것이다.

성공자들은 우리에게 이야기한다. 무언가 최고의 성과를 내려면 메모하는 습관을 꼭 길러야 한다고. 누구나 좋은 아이디어를 가지고 있다. 언제 어떤 장소에서 기막힌 아이디어가 떠오를지 모른다. 항상 메모할 준비가 되어 있어야 하는 것이다. 우리 모두는 아쉬운 경험을 가지고 있다. 아주 번뜩이는 아이디어가 떠올랐는데 메모를 하지 않아 며칠 동안 기억하려고 해도 끝내 떠오르지 않았던 것을. 지금은 별 볼 일 없는 것일지라도 머릿속에서 떠오르는 아이디어나 생각들을 과소평가하지 말자. 일단 메모를 하고 그 뒤에 생각해보자. 보고 또 보다 보면 그 메모에서 아주 중요한 것을 발견할 수도 있다.

메모는 창조의 원천이다. 메모 하면 단연코 떠오르는 사람이 있다. 천재과학자 아인슈타인이다. 그 역시 메모를 통해 창조적 능력을 극대화할 수 있었다. 하루는 아인슈타인이 기자와 인터뷰를 하게 되었다. 인터뷰 도중에 기자가 아인슈타인의 집 전화번호를 물었다

그러자 그는 수첩을 뒤적거렸다. 기자가 다시 물었다.

"설마, 박사님 댁 전화번호를 모르시지는 않겠죠?"

"적어 두면 쉽게 찾을 수 있는 걸 왜 기억해둡니까?"

아인슈타인은 메모하고 잊은 뒤 두뇌의 빈 공간을 창의적으로 활용했던 것이다. 그 결과 상대성 이론을 비롯한 위대한 업적을 남길 수 있었다.

아인슈타인의 사례는 우리에게 충격을 주고도 남지 않은가? 왜 우리가 메모를 해야 하는지 메모의 위력이 얼마나 대단한지 실감할 수 있는 아주 기막힌 사례인 것이다.

필자의 저서 《다시 시작하는 힘, 결단》에서도 메모의 중요성을 언급하고 있다.

'학생과 직장인에게 있어서도 메모는 너무나 중요하다. 학교생활이나 사회에서 기획의 달인이라고 불리는 사람들은 모두 메모의 달인이라고 할 수 있다. 메모는 굳이 공부와 업무가 아닌 사회생활에서도 중요하다.

뇌의 기억력은 그다지 높지 않다. 아무리 기억력이 좋다고 하는 사람들도 며칠이 지나면 다른 중요한 일들에 밀려 가물가물해지

기 마련이다. 하지만 메모는 꼭 잊지 않기 위해서 하는 것만은 아니다. 메모를 하는 또 다른 이유는 머리를 비우기 위해서이다. 머리를 비워야 창의성도 생기고 아이디어도 떠오르기 때문이다. 기억하려 애쓰지 않고 잊기 위해서 반드시 메모를 해야 한다는 말이다. 인간의 뇌는 시간이 지나면 당시의 형상만 기억하는 습관이 있다. 따라서 그때의 상황이나 날씨, 주변 모습이나 사람들의 사소한 말투까지 기록해 놓으면 시간이 지나도 생생하게 떠올릴 수 있다.

메모하는 습관은 아무리 강조해도 지나치지 않다. 그만큼 중요하기 때문이다. 특히 학생, 사업 경영자, 직장인, 예술 분야 종사자 등 모든 분야에 필요한 성공하는 습관이라고 할 수 있다. 어디를 가더라도 메모에 필요한 종이와 펜을 가방에 지니고 다녀야 한다. 가방을 소지하지 않을 시에는 다이어리를 챙기면 된다.'

성공자들 가운데는 일기를 쓴 사람들도 많다. 그들이 쓴 일기는 보통 일기와는 다르게 오늘 잘한 일과 잘못한 일, 감사해야 할 일, 개선하고 싶은 일, 선택·집중·몰입할 일에 대해 적은 것이다. 또한 그들은 자기의 꿈에 대해서 적기도 했다. 유명한 여행가이자 탐험가인 존 고다드의 사례를 한 번 생각해보자. 그는 열다섯 나이에 '나의 인생 목표'라고 제목을 적고 그 제목 밑에다 127개의 인생 목표를 적었다. 일기장과 수첩에 127개의 목표를 메모한 뒤에 매일 이루어나가는 상상을 한 것이다. 메모의 강인한 힘 덕분에 존 고다드는 몇 개의 목표를 제외한 것을 모두 성취할 수 있었다.

세계 최고의 경영 컨설턴트이자 저술가이며 동기부여가인 브라이언 트레이시는 우리로 하여금 메모하는 것이 얼마나 중요한지 다시 한번 일깨워주고 있다.

그는 고등학교를 중퇴한 뒤 식당의 접시닦이, 공사장 일꾼, 세차원, 경비원, 화물선 선원 등을 전전하다 방문판매원이 되었으나 판매실적이 거의 없어 겨우 끼니를 이어가는 생활을 하고 있었다. 그러던 어느 날 그는 세일즈를 통해 매달 1,000달러를 번다는 목표를 종이에 적었다고 한다. 목표를 글로 적어두니 행동하게 되었고 결국 종이에 쓴 대로 성취를 이루었다. 그 작은 성취 경험이 브라이언 트레이시를 세계적인 저술가이자 동기부여가로 만드는 시발점이 된 것이다.

10대들이여! 그대들이 간절히 원하는 것이 있다면 그것을 메모하라! 그리고 그 적은 종이를 눈에 잘 띄는 곳에 붙여 놓고 보고 또 보아라. 메모를 보면서 안 된다는 생각은 하지 말자. 내가 이루는 모습을 상상하는 것이다. 메모를 보면서 나는 반드시 내 꿈을 이룰 수 있다는 자기확신을 가질 때 열정과 에너지가 샘솟을 것이다.

　전위 예술가인 오노 요코의 말을 통해 다시 한번 메모의 중요성을 상기해보자.

　"무언가를 소망하라. 그 소망을 쪽지에 적어라. 쪽지를 접어 소망의 나뭇가지에 매달아라. 나뭇가지가 온통 소망으로 뒤덮일 때까지 소망하기를 멈추지 마라."

　2002년 월드컵에서 대한민국을 4강으로 이끈 히딩크 감독도 틈만 나면 메모하는 습관을 가진 사람으로 알려져 있다. 그는 운동장에서 선수들을 통제하고 리드하면서도 쉴 새 없이 녹음기로 녹음했다. 훈련복 주머니에 녹음기를 넣고 다니다가 기발한 아이디어나 개선해야 할 문제점이 떠오르면 바로 녹음을 해 참고자료로 활용한 것이다.

　내가 원하는 꿈을 매일 열 번씩 적으면 꿈이 이루어진다고 한다. 자 그렇다면 원하는 꿈을 종이에 적어 꿈을 실현한 사람들을 만나보자.

　영화배우 짐 캐리가 있다. 캐나다에서 태어난 그는 영화배우가 되겠다는 꿈 하나로 무작정 미국으로 건너갔다. 하지만 무명시절 너무나 가난했던 탓에 노숙을 하며 지내야 했다. 그러던 어느 날, 그는 무작정 할리우드에서 가장 높은 언덕으로 올라갔다. 그리고는 그곳에서 종이에다 '출연료'라고 적고 1,000만 달러를 적었다. 그는 그것을 5년 동안 지갑에 넣고 다녔다.

놀랍게도 5년 후 짐 캐리는 '덤 앤 더머'와 '배트맨'의 출연료로 예전에 자신이 종이에 적었던 금액보다 훨씬 더 많은 1,700만 달러를 받았다. 그것을 기점으로 그의 명성은 나날이 높아졌고, 곧 세계적으로 유명한 영화배우가 되었다.

'피겨 여왕' 김연아 역시 어린 시절 자신의 꿈을 종이에 적었다. 김연아는 초등학교 1학년 때 가족들과 올림픽공원에서 '알라딘'이라는 아이스 쇼를 보고 나서 피겨 선수라는 꿈을 정했다. 그녀는 쇼를 본 그날 밤 일기장에다 자신도 열심히 해서 꼭 피겨 선수가 되겠다고 적고 담임선생님에게도 편지를 보냈다.

'아이스 쇼를 보고 나서 나도 스케이트를 열심히 타서 국가대표 선수가 되어야겠다. 세계 최고가 되고 싶다.'

그녀의 꿈이 이루어졌을까? 여러분도 알다시피 그녀의 꿈은 현실이 되었다. 2009년 3월 세계선수권에서 207.71점을 기록하며 세계 최고의 피겨 선수가 된 그녀는 더 큰 꿈을 향해 새로운 도전을 즐기고 있다.

10대는 꿈을 먹고 사는 시절이라고 해도 과언이 아니다. 여러분은 누구보다 아름답고 원대하고 즐거운 꿈을 가져야 한다. 이제부터는 꿈을 가슴에 품는 것에서 조금 더 나아가 노트와 종이에 적어보자. 그리고 책상 앞과 벽 등 눈에 잘 띄는 곳에 꿈을 적은 종이를 붙여두고 자주 들여다보자. 꿈을 적은 메모지를 품속이나 지갑, 가방에 넣고 다니며 수시로 꺼내 보는 것도 좋다. 정말로 꿈이 실현되는 것을 실감할 것이다.

　사람들은 '꿈은 반드시 이루어진다'고 말한다. 그러나 이 말을 '기한을 정한 종이에 적은 꿈은 반드시 실현된다'로 바꾸어 말해보자. 메모지나 포스트잇 등의 종이에 꿈을 쓰는 순간 각인 효과가 있어 꿈을 이룰 수 있도록 끌어당기는 효과가 있는 것이다.

불평불만은 이제 그만!!!

✦ ✦ ✦ "해 뜨는 곳부터 해 지는 곳
까지 내가 다 정복하고 말 거야."

'내가 이 세상을 정복하겠다'고 큰 소리로 외치고 다닌 아이가
있었다.

당시 그 아이에게는 집 한 채도 없었으니 그 이름은 테무친이었
다. 주위 사람들은 테무친을 향해 입만 살아서 뻥을 치고 돌아다
닌다고 조롱했다. 그러나 그는 결국 해 뜨는 곳인 고려에서부터
해 지는 곳인 터키까지 정복한 유일한 사람이 되었다. 그 큰 유라
시아 대륙을 정복한 것이다. 큰소리치며 다녔던 꿈들이 다 이루

어졌다.

큰 소리로 외쳐라. 그리고 적극적으로 행동에 옮겨라. 말이 꿈을 이루게 만든다. 말이 씨가 된다. 환경이 절박한 사람들은 수없이 많다. 대부분은 그 환경의 어려움을 준 하늘을 원망하고 자기를 키워준 부모에게 불평불만을 터뜨린다. 도움을 주지 않는 친구를 원망하고 심지어 자기 자신에게 분노한다. 이는 절박한 상황을 유리하게 활용할 줄 모르기 때문이다. 절박한 상황에 처했다는 것은 바닥을 쳤다는 뜻이다. 따라서 절박한 상황을 유리하게 활용해야 한다. 사람들은 절박할수록 성공에 대한 열망을 가지게 된다. 그리고 자신의 잠재력을 깨닫게 된다. 쉽고 편한 환경에서 성공한 사람은 단 한 사람도 없는 이유가 여기에 있다.

불평불만을 할 시간에 중앙아시아 평정 이후 남 러시아를 정복하여 세계 최대의 제국을 건설했던 테무친에서 칭기즈칸이 된 시를 들어보자

칭기즈칸 명언
테무친

1. 집안이 나쁘다고 탓하지 마라!

나는 아홉 살에 아버지를 잃고 마을에서 쫓겨났다.

2. 가난하다고 말하지 마라!

나는 들쥐를 잡아먹으며 연명했고, 목숨을 건 전쟁이 내 직
업이고 내 일이었다.

3. 작은 나라에서 태어났다고 말하지 마라!
그림자 말고는 친구도 없었고, 병사로만 10만, 백성은 어린
애와 노인까지 합쳐 200만도 되지 않았다.

4. 배운 게 없다고 힘이 없다고 탓하지 마라!
나는 내 이름도 쓸 줄 몰랐으나 남의 말에 귀 기울이면서 현
명해지는 법을 배웠다.

5. 너무 막막하다고, 그래서 포기해야겠다고 말하지 마라!
나는 목에 칼을 쓰고도 탈출했고, 뺨에 화살을 맞아 죽었다
살아나기도 했다.

6. 적은 밖에 있는 것이 아니라 내 안에 있었다!
나는 내게 거추장스러운 것을 깡그리 쓸어버렸다. 나를 극복
한 그 순간 나는 테무친에서 칭기즈칸이 되었다.

사람들은 찾아온 시련을 극복하려고 애쓰기보다는 '나는 이제
끝장이야!', '왜 나에게 이런 일이 일어나는 걸까', '난 정말 되
는 일이 하나도 없어' 하고 원망한다. 성공의 길과는 반대되는
곳으로 빠져들게 되는 것이다. 살다 보면 좋은 일만 있을 순 없
다. 시련이 닥쳤을 때는 곧 좋은 일이 찾아올 거라는 희망으로 시
련을 극복해야 한다.

시련은 어떤 시선으로 보느냐에 따라 절망의 시작이 될 수도 있고, 희망의 시작이 될 수도 있다. 추운 겨울 꽁꽁 언 땅을 보면서도 어떤 사람은 곧 언 땅이 녹고 따뜻한 봄날이 올 것이라고 생각한다. 반면, 또 어떤 사람은 언 땅을 보며 언제까지 추울까라고 불평불만을 한다. 긍정적인 사람은 어떤 어려움 속에서도 한 줄기 빛을 바라보지만 부정적인 사람은 평화로움 속에서도 깜깜한 암흑을 떠올리며 불안해한다.

시련을 만나면 많은 사람들이 좌절하고 꿈을 포기한다. 그리고 자신에게 닥친 시련에 대해 여러 가지 불평거리를 만든다. 결국 시련과 맞서 싸워보지도 못하고 핑계거리를 대고 도망친다. 하지만 꿈을 이루고 성공한 사람들은 시련을 만나도 도망치지 않는다. 시련을 당당히 극복하고 꿈을 향해 전력 질주하여 돌파한다. 이들은 시련을 성공을 이루기 위한 인생의 도약대로 생각한다.

사람은 누구나 시련을 만난다. 시련을 겪지 않고 성공하는 사람은 없다. 시련과의 만남을 통해서 자신의 부족한 점을 다시 알 수 있다. 크게 성공한 사람일수록 시련의 경험이 다른 사람들에 비해 많다.

여러분은 앞으로 시련을 만나게 될 것이다. 그때 시련을 나를 힘들게 하는 장애물로 생각하지 말고, 불평불만의 대상으로 보지 말자. 나를 지금보다 더 성장하게 해줄 도약대로 여기자.

자신감으로 승부하라

★ ★ ★ 　어떤 직장인이 좋은 직장을 나와 성공한 사업가가 되는 것이 목표였다고 생각해보자. 바로 성공한 사업가가 될 수 있다면 얼마나 좋겠는가? 본격적으로 사업을 시작하게 되면 목표를 달성하지 못하도록 장애물인 시련이 버티고 서 있다. 그 시련은 우리를 더 이상 전진하지 못하게 만든다. 이제까지 노력해서 쌓아 올린 공든 탑까지 무너지게 만든다. 공든 탑이 무너지는 경험은 우리를 좌절하게 만들고 자신감을 잃게 만든다. 자신감이 사라지면 게임 끝이다. '나는 안 돼'라고 불가능하다고 포기하게 만들거나 그렇게 자신감을 잃는 경험이

쌓여서 다시 재기하지 못하게 만든다.

앞으로 나아가지 못하고 뒤로 물러서면 아무것도 얻을 수 없다. 시련은 자동차의 앞바퀴이고 성공은 뒷바퀴라고 비유하면 좋겠다. 시련이 지나간 자리를 뒷바퀴인 성공이 따라오는 것이라고 생각해보는 것이다. 시련 속에 감추어진 성공의 본 모습을 보도록 노력하자. 조금만 더 노력해서 작은 성취감을 느끼자. 우리 안에 숨어있는 자신감을 찾는 것이 무엇보다 중요하다.

나는 일본 생활을 하기 위해 반드시 익혀두어야 하는 것이 있었다. 바로 일본어였다. 앞으로 만날 사람 대부분이 일본 사람인데 일본어를 못하면 어떻게 의사소통을 할 수 있겠는가. 그리고 자신감 있게 일본 생활을 할 수 있겠는가. 무슨 일이 있어도 일본어를 하루 빨리 습득해야만 했다. 그래서 이케부쿠로에 있는 안랭귀지라는 일본어학원에 다니게 되었다. 그 일본어학원에 다니면서 나는 문화 충격을 받게 되었다.

학원에는 중국, 대만, 홍콩, 한국에서 온 동아시아 학생들이 대부분이었다. 그중 많은 수의 학생이 중국 사람이었다. 일본에 오래 살았기에 일본어를 잘할 것이라고 생각했지만 실제로는 나보다도 못하는 사람들이 대부분이었다. 그것은 정말 놀랄 일이었다. 하지만 나 자신도 그렇게 일본어를 못하는 사람들과 같이 일본어학원을 다니고 있었기 때문에 똑같다고 볼 수 있었다.

이렇게 일본어학원에 입학하고 나서 좋아하는 중국인 여자 유학생이 생겼다.

따스한 봄, 날씨가 좋은 날에 그 중국인 여자 학생에게 놀러가자고 하여 흔쾌히 그 여자애도 승낙했다. 그래서 그 중국 유학생과 단 둘이 시간을 보내게 되었다. 그 학생은 매력적인 여성이었다. 그러나 기념적인 첫 데이트의 결과는 참담했다. 둘 다 일본어를 잘 못했기 때문에 대화의 수단은 오로지 손, 발을 이용한 보디랭귀지에만 의지했다. 같이 영화를 보아도 둘 다 어쩔 줄을 모르며 커피숍에 가서 이야기를 나누어도 '오늘은 날씨가 참 좋다!'만 한 시간 이상 반복할 뿐이었다. 마지막에는 서로가 지쳐서 '바이 바이' 하고 헤어졌다. 정말 식은땀이 등줄기를 타고 내리는 시간의 연속이었다.

'역시 말이 통하지 않으면 안 되는구나!'

그래서 나는 아침에 일어나서 저녁에 잠들 때까지 일본어로만 말하고 일본어만 공부하고 일본어로만 생각하기로 했다.

문법은 둘째 문제이고 일본인에게도 통용되는 일본어를 습득하기 위해서 필사적으로 공부를 하기 시작했다. 한국말을 사용하지 않기로 결심했기 때문에 될 수 있으면 한국인 거리인 코리아타운에는 가지 않기로 결심했다. 그리고 하루에 일본인 5명을 친구로 만들자는 목표를 세웠다.

일본에는 곳곳에 작은 공원들이 많아서 그곳에 가면 벤치에 앉아서 신문을 보는 사람, 책을 읽는 사람, 커피를 마시는 사람, 서로 이야기를 하는 사람 등 한가롭게 보이는 사람들이 많다. 한가롭게 벤치에 앉아서 차를 마시고 있는 50대 중반의 일본인 여성에게 '실례합니다'라고 인사하고 내 소개를 잠깐 한 다음 일본말로 이야기를 이어갔다. 그들은 친절하게도 나의 어설픈 일본어를 끝까지 다 들어주었다. 이때부터 자신감에서 생기는 적극적인 모습이 지금까지의 내 인생에서 필살기가 되었다.

그 당시에 운이 좋았던 것이 한국의 드라마 열풍을 타고 한국 연예인들을 열광적으로 좋아하는 일본인들이 많았기 때문에 그 덕을 많이 보았다. 어떤 일본인은 수첩에 한국 연예인 사진을 붙이고 다니는 것을 자랑하는 사람도 있었다. 자기 집에까지 초대해 일본 녹차도 타 주고 한국음식도 잘 먹는다는 일본인도 있었다. 그렇게 하루에 꼭 다섯 명씩, 그 사람들이 어떻게 생각하는지는 잘 모르지만, 나는 일본인 친구라고 생각하고 만났다. 그렇게 일본어를 착실히 습득하면서 어느 날 일본어로 꿈을 꾸기도 했고, 잠꼬대도 일본어로 하기도 했다.

내가 다녔던 일본어학원의 레벨은 그렇게 높지 않았기 때문에 나를 담당하는 우에스기 선생에게서 '김승연 상은 일본어가 입학 당시보다 깜짝 놀랄 정도로 급속히 좋아졌네요'라고 칭찬을 듣게 되었다. 그때의 기분은 말로 설명이 안 될 정도로 기뻤다. 칭찬을 듣는다는 자체는 기분 좋은 일이기 때문에 많은 사람들

앞에서도 자신감에 차 일본어 수업에 임하였으며 앞에 나가서도 적극적으로 발표하게 되었다. 일본 아이들 정도의 수준이었지만 '하면 된다'는 자신감이 나의 마음과 신체를 뜨겁게 만들었다. 원래 나는 낙천적인 성격이라 조금이라도 좋은 일이 있으면 '좀 더 좋은 일이 있을 거야'라고 생각하면서 자신감이 더 생긴다.

거기서 나 스스로 엄청난 경험을 하게 되었다. 어떤 일이든 하려는 마음이 있으면 어느 정도 레벨까지 도착하기 위해서는 그 모든 것에 앞서 자신감을 갖는 것이 무엇보다 중요하다. 목표를 향해 한 가지 일에 달려갈 때의 집중력은 아주 놀라운 힘이다.

잠재력을 끌어올리기 위해서는 목표가 있어야 한다. 일본에서의 나의 첫 번째 목표는 일본인을 하루에 5명 만나는 것이었다. 그 목표를 달성했다는 자신감은 나 자신에게 있어서 길다면 긴 10년이란 세월 동안 일본에서 생활하는 토대가 되었다.

자기가 세운 목표를 이루기 위해서 필요한 강력한 힘은 자신감에서 시작된다. 더 나아가 시련이나 역경을 극복하는 가장 강력한 파워 또한 자신감이다. 자신감이 없으면 아무것도 이루지 못한다. 무슨 일을 하던 자신감이 없으면 일에 소홀해지고 삶의 열정마저 잃어버리게 된다. 반대로 자신감이 있으면 이미 자기가 이루고 싶은 꿈의 절반은 이룬 것이나 마찬가지다.

성공한 사람에게서는 성공의 향기가 은은하게 풍긴다. 반면 실패한 사람에게서는 실패의 향기가 느껴진다. 성공한 사람인지 실패한 사람인지는 말 한마디나 태도만으로도 알 수 있다.

그럼 성공한 사람들의 공통점은 무엇일까?

성공한 사람들은 목표를 달성할 때까지 자신감을 가지고 끊임없이 행동으로 옮긴 사람들이다. 두려움을 극복하고 자신에게 필요한 행동을 한다. 그들이 가지고 있는 모든 능력을 쏟아부을 수 있는 원동력은 자신감이다.

에머슨은 '자신감은 최고의 성공 비결이다'라고 말했다. 자신감과 성공은 결코 떨어질 수 없는 불가분의 관계이다. 때문에 자신감이 있는 사람은 언제나 남들보다 앞서가기 마련이다. 앞서간다는 것은 그만큼 성공할 확률이 높다는 뜻이다.

그렇다면 자신감은 어떻게 얻을 수 있을까?

자신감은 지금 행동에 옮기는 사람에게 주어진다. 목표를 향해 행동을 하면 실패도 있고 미약하지만 성취감도 느낀다. 그렇게 작은 성취감을 맛보게 되면 자연스럽게 절망감은 줄어든다. 이 과정이 바로 자신감이 강화되는 과정이다. 자신감은 작은 성공경험에서 비롯된다. 지금 당장 하고 싶은 일에 도전해서 성공하는 경험을 쌓는 것이 중요하다. 그런 과정을 통해 자신을 더 믿게 될 것이다.

무엇을 망설이는가! 목표를 세우고 즉시 행동에 옮겨서 그 결과를 확인하라. 비록 실패를 하더라도 두려워하거나 부정적인 감정에 휩쓸리지 말고 다시 도전하라. 거머리같이 한 번 실행하면 성공할 때까지 집념과 끈기를 가지고 절대 놓지 마라. 그리하여 절망에 빠진 자신을 구원하라. 희망찬 미래가 기다릴 것이다. 자신감 있는 삶이 기다리고 있다.

Etude de Point de Croix.

행복한 삶을 위해

상상하면 이루어진다

    ✦✦✦ 그리스 신화를 보면 키프로스에 사는 피그말리온이라는 젊은 조각가 이야기가 나온다.

추한 자신의 외모에 대한 콤플렉스에 가득 찬 그는 여자들과도 사랑할 수 없다고 생각했다. 그는 혼자 아름답고 사랑스런 여인을 조각하기를 더 좋아했다. 그리고 그가 조각한 여인과 대화를 하고 사랑에 빠지게 되었다.

어느 날 아프로디테 여신 축제일에 간절한 기도를 올리면 소원이 이루어진다는 소식을 듣고 그는 조각상이 사람이 될 수 있도록 간절한 기도를 올리게 되었다. 그렇게 공허한 소원을 빌고 집으로 돌아온 피그말리온은 슬픔에 젖어서 자신이 만든 조각을 꼭 끌어안았다. 이룰 수 없는 사랑을 안타까워하면서……. 그런데 이상한 일이 일어났다. 항상 차갑기만 했던 조각이 왠지 따뜻하게 느껴졌다. 그는 너무 놀라 한 걸음 뒤로 물러섰다. 잠시 후 조각의 입술에 키스를 했는데 따스한 기운이 입술을 통해 온 몸으로 스며들더니 따뜻한 체온이 느껴졌다. 피그말리온은 기쁨에 넘쳐 그 여인상을 꼭 끌어안았고 잠시 후 그녀의 심장 고동 소리가 그의 가슴에도 느껴졌다. 그 후 피그말리온은 사람이 된 조각상의 여인과 결혼해 딸 파포스를 낳고 행복하게 살았다고 한다.

간절한 열망이 꿈을 이루게 하고 긍정적인 사고가 좋은 결과를 만드는 것을 피그말리온 효과라고 한다. 진실로 간절히 원하면 반드시 그 소망이 이루어진다. 소망이 얼마나 간절하고 생생했으면 조각상이 사람으로 바뀌는 기적이 일어났을까? 얼마나 정성이 갸륵했으면 여신 아프로디테의 마음을 움직이고 감동하게 만들 수 있었을까?

불가능을 가능으로 승화시킨 피그말리온의 도전정신과 집중된 몰입의 그 무언가를 배우고 느끼고 싶다. 어렵고 힘든 작업이었지만 꽤 오랜 세월 동안 마음과 몸과 영혼을 담아서 조각했기에 그 기쁨은 더욱 배가 되었을 것이다. 그리고 이미 조각하면서부터 아름다운 여인과 미래의 멋진 모습을 구체적으로 생생하게 그려왔기에 행복지수와 강도가 더욱 높았을 것이다.

내가 원하는 삶을 상상해보라. 여러분은 무엇을 원하는가? 원하기만 하고 행동으로 옮기지는 않는지 아니 진정으로 갈망하고 있기는 한 것인가? 나는 언제 행복을 느끼는가? 나는 언저 보람을 느끼는가?

"바라고 원하는 바를 성취하기 위해서는 그냥 계속 생각하는 것만으로는 안 된다. 엄청나게 많이 생각하는 것이 중요하다. 막연하게 그렇게 되면 좋겠다는 식의 어설픈 정도의 수준이 아니라 강렬하게 그리고 자나 깨나 끊임없이 바라고 원해야 한다. 머리 끝에서부터 발끝까지 온 몸을 그 생각으로 가득 채우고 피 대신 생각이 흐르게 해야 한다. 그 정도로 한결같이 강렬하게 하나만을 생각하는 것 그것이 일을 성취하는 원동력이다."

목표를 성취하길 원하는 사람들에게 전하는, 명확하고 구체적인 가르침이라는 생각이 들지 않는가?

일본인들이 존경하는 대표적인 성공기업가인 이나모리 가즈오 회장이 저술한 《카르마 경영》에 나오는 이야기다. 자나 깨나 끊임없이 바라고 원하고 머리끝에서 발끝까지 온 몸을 한 가지 생각으로 가득 채우고 피 대신 생각이 흐르게 해야 한다는 저자의 이야기를 묵상하면서 꿈에 대한 강렬한 목표의지가 얼마나 중요한지를 다시 한번 깊이 실감하는 시간이 되었다.

꿈을 이루기 위한 비결은 무엇이라고 생각하는가? 꿈을 이루기 위한 획기적인 지름길이 있다고 생각하는가? 내가 진정으로 원하는 것을 찾아 그곳만을 응시할 때 어떤 목표든 성취할 수 있는 것이다.

현대경영학의 아버지이자 구루이며 전 세계 기업인들로부터 존경을 한 몸에 받았던 피터 드러커는 성과를 향한 도전에 대해 우리에게 충고한다. 그는 우리가 성과를 올리기 위해 체득해야 할 습관적인 능력을 갖는 것이 중요하다고 말했다. 어디에 자신의 시간을 투자해야 하는지를 아는 것이며, 최우선 순위를 결정하고 그 결정을 지키기 위해 스스로를 통제해야 한다고 말했다.

우리는 모두 되고 싶어 하는 모습을 상상할 수 있다. 그리고 상상하는 횟수와 깊이만큼 그 일은 현실로 이루어질 가능성이 높다. 《시크릿》에서 론다 번은 이야기한다. 생각하는 것이 현실이 된다고, 내가 강하게 인식하고 끌어당기면 무슨 일이든지 끌어당길 수 있다고.

내가 무언가 간절히 원하는 것을 상상하면서 내가 원하는 목표를 이룬 이를 존경하는 멘토로 삼아보면 어떨까? 조금 더 강력한 힘이 발휘될 것이다. 왜냐하면 멘토를 통해서 내가 잘하고 있는지 자기점검을 해볼 수 있기 때문이다. 시행착오를 줄일 수 있기 때문이다. 성공한 사람들은 장소나 환경을 탓하지 않고 지속적으로 스스로를 연마했다. 그들은 자신이 진정 원하는 목표를 틈날 때마다 떠올리고 자신의 목표가 이루어진 모습을 생생하게 그려보기도 했다.

그리고 항상 그들은 재미있는 일을 추구했다. 항상 즐겁고 행복한 일을 한 것이다. 마치 그들은 재미없으면 나는 어떤 일도 하지 않겠다고 결심한 사람들처럼 보인다.

"내가 여기까지 오는 데는 오랜 시간이 걸렸다. 내가 세상에서 해야만 하는 일이 있고 그걸 하지 않으면 신께서 기뻐하지 않는다는 생각을 주입받으면서 자랐기 때문이다. 가장 중요한 목표가 기쁨을 느끼고 경험하는 것이라는 점을 정말로 이해하고 나서, 나는 오직 내게 기쁨을 주는 일만 하기 시작했다. 내 좌우명은 이것이다. '재미가 없으면 하지 마라!'"

《성공원리》의 저자이자 뉴욕 타임즈의 경이적인 베스트셀러로 1억부 이상 판매된《영혼을 위한 닭고기 수프》의 저자 잭 캔필드의 이야기다. 잭 캔필드의 이야기가 마음속에 팍팍 들어오지 않는가? '재미가 없으면 하지 마라' 강력한 문구다. 우리를 되돌아보게 하는 문구다. 많은 것을 생각하게 하는 글이다. 며칠 동안 묵상을 해볼 만한 대단한 말이다. 무슨 일을 하든지 재미있는 일만 할 수 있다면 일의 성과는 최고가 되지 않겠는가?

10대들이여! 내가 간절히 원하는 것을 정하라! 그리고 그 목표를 이룬 모습을 시도 때도 없이 매일 상상하라. 때로는 그 분야의 대가에게 조언을 구하라. 그러면서 재미있는 상상을 하라. 재미있는 일만 하겠다고 결심하라. 아니 내가 간절히 원하는 것을 이룬 모습을 생생하게 칼라로 그려라. 그러면 반드시 그대들이 원하는 비전을 성취할 것이다.

상상력에는 유통기한도 없고 한계도 없다. 특별히 시간을 내서 상상할 필요도 없다. 숨 쉬는 순간순간 끊임없이 상상하라. 누군가와 대화할 때도 상상하고, 좌절하고 힘든 일이 있을 때도 좋을 일을 상상하고 희망 찬 미래를 상상하라. 상상하는 대로 살지 않으면 사는 대로 상상한다고 했다. 치열한 무한경쟁시대에 남들보다 한 발 앞설 수 있는 성공 조건은 한계와 시간 그리고 공간을 뛰어 넘는 상상력이다.

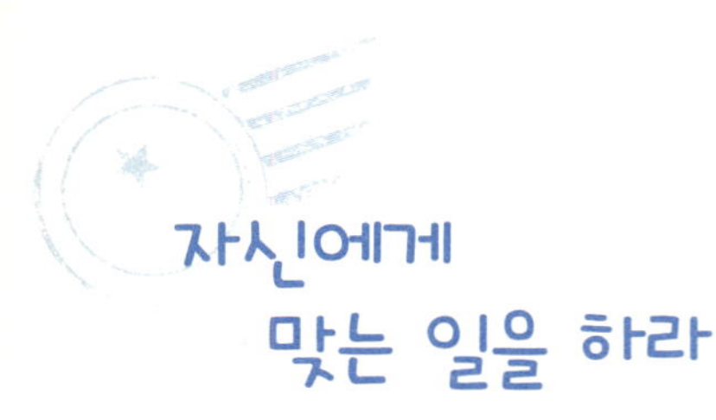

자신에게
맞는 일을 하라

　　　★ ★ ★　자신이 좋아하는 일이란 매우 조용하고 진정된 것이다. 주위 사람들이 알아주지 않아도 그 일을 하는 것만으로도 즐거워서 시간을 잊고 마는 그런 일이다. 주위 사람들에게 칭찬을 받으면 좋겠지만 칭찬을 받지 못하고 수익이 적어도 하는 것만으로도 즐거운 것이 좋아하는 일이다.

　무엇인가를 좋아하게 되는 순간부터 엄청난 파워가 나온다. 그렇기 때문에 무엇인가를 꼭 해야만 한다면, 그리고 같이 하고 싶지 않은 누군가와 꼭 같이 해야만 한다면, 그 일에 대해 또 그 사람에 대해 고민하는 데 에너지를 허비하지 않는 것이 좋다. 오히려 그것보다는 그 일과 그 사람을 좋아하는 것이 더 빠를 수 있다. 좋아한다는 것은 제일 잘할 수 있는 에너지이기 때문이다.

좋아하지 않는 일을 하면서 오랫동안 행복할 수는 없다. 자기 분야에서 두각을 나타내거나 성공하는 사람들은 대부분 그 일을 좋아하고 그 일에 몰입해서 전심전력으로 노력했다. 성공이란 당신이 가장 좋아하는 일을 당신이 좋아하는 사람들 속에서 당신이 정말로 좋아하는 방식으로 하는 것이다.

좋아하는 일을 하는 사람은 부러움의 대상이 된다. 그리고 행복감이 넘친다. 행복은 멀리 있는 것이 아니다. 지금 하고 있는 일에서도 찾을 수 있다. 정말 좋아하는 일을 하는 사람은 열정과 에너지가 넘친다. 좋아하는 일을 하기 때문에 잘할 수 있는 방법을 찾는다. 그래서 매일매일 행복한 나로 만든다.

사람마다 재능이 다르고 성격이 다르기 때문에 좋아하는 일이 다를 수밖에 없다. 내가 정말 좋아하고 잘하는 것을 찾아서 나에게 맞는 일을 선택하라. 많은 성공자들이 하나같이 우리에게 책에서 언론에서 만남을 통해서 조언을 한다. 당신이 진정 좋아하는 일, 즉 자신에게 맞는 일을 선택하라고. 내가 좋아하고 나에게 맞는 일을 하게 되면 표정부터 달라질 것이다. 그리고 자신이 가지고 있는 능력의 100% 이상을 발휘할 수 있다.

여러분은 지금 하고 있는 공부가 신나고 즐거운가? 지금 하고 있는 일이 즐겁지 않고 자꾸 다른 곳을 기웃거리고 있다면 지금 하고 있는 일이 맞지 않다는 이야기다. 내가 하고 있는 일이 재미가 있고 신이 나야 몰입할 수가 있다. 그러나 내가 하고 있는 일이 재미가 없으면 100% 몰입할 수 없다. 일을 하면서도 자꾸 헛생각들이 머릿속을 꽉 채울 뿐이다.

혹시 선택한 일이 재미가 없다면 다양한 각도로 재미있는 방법을 찾아보는 것도 좋을 것이다. 지금 하고 있는 일과 관련된 분야에서 색다른 느낌과 재미를 발견할 수도 있을 것이다.

토머스 스탠리가 쓴 《백만장자 마인드》에 보면 미국의 백만장자들 중 86퍼센트는 자신이 성공한 이유가 일과 직업을 사랑한 결과라고 한다. 그들은 하나같이 일하는 것이 취미이고 일을 재미있게 즐기면서 하고 있다.

스트레스를 없애는 가장 좋은 방법 역시 스트레스를 주는 문제의 원인을 파악하고 그 원인을 뿌리째 뽑아버리는 것이다. 해결책은 의외로 간단하다. 스트레스를 피할 수 없으면 즐기는 수밖에 없다. 일을 놀이보다 재미있게 만들어야 한다. 그것이 어떻게 가능하냐고 묻고 싶은 사람이 분명 있을 것이다. 그러나 일에 재미를 못 느끼면 평생 스트레스를 받으며 살아야 할 것이다. 재미가 없으면 열정이 생길 수 없고 열정이 없으면 평균 이상을 해낼 수 없다. 그저 남들만큼 할 뿐이라면 성공할 수 없다는 것은 너무나 당연하다.

지금 해야 할 일의 의미나 가치를 생각한 다음 자신을 설득해야 한다. 인간은 의미를 소중하게 생각한다. 지금 지치고 힘들더라도 자신 혹은 가족에게 의미가 있는 일이라면 기꺼이 어려움을 감당하려고 한다.

사소하게 보이는 습관일지 모르지만 바라보는 관점에 따라 일하는 것이 천국과 지옥을 오가는 경험을 할 때가 있다. 일할 때 마음을 제대로 다스리지 못하면 스트레스는 스트레스대로 받고 일은 일대로 엉망이 되어버린다. 그런데 신기하게도 즐겁게 일하자는 말을 반복하면 할수록 실제로 즐겁게 일하게 되고 즐겁게 일하는 습관이 몸에 붙기 시작한다. 일을 좋아하면 일에 몰입할 수 있다. 몰입한다는 말은 집중한다는 뜻이고 집중한다는 것은 미친다는 것이다. 그러면 까닭 없는 불안이나 걱정으로 괴로워하지 않아도 되고 외적인 문제에 휘둘리지도 않을 것이다.

여러분은 무엇을 잘하는가?

여러분은 어떤 능력이 뛰어난가?

자신감과 열정이 남다른가?

인간관계에 자신이 있는가?

커뮤니케이션 능력이 탁월한가?

몇 시간 동안 남의 말을 잘 공감하며 들어줄 수 있는가?

책을 읽고 정리하는 능력이 탁월한가?

사람들을 감동시킬 수 있는 스토리 전개능력 즉 글쓰기 능력이 남다른가?

이제 당신이 가장 좋아하는 일은 무엇인가에 답해 보라. 예를 들어 바둑이라든가 게임, 영화감상, 요리, 낚시, 독서, 여행, 시낭송, 노래, 등산, 글쓰기 등 여러 가지가 있다. 그리고 당신의 재능과 당신이 좋아하는 일을 서로 연결시켜 보라.

만일 당신이 대인관계에 자신이 있고 요리를 좋아한다면 음식점을 차리면 될 것이다. 노래를 좋아한다면 음악학원이나 레코드점을 운영해도 좋을 것이다. 당신이 커피를 좋아한다면 커피숍에서 일할 수도 있고 커피를 파는 상점을 운영할 수도 있으며 친목모임이나 각종 센터에서 커피를 준비하며 자원봉사를 할 수도 있을 것이다.

당신 자신을 위해 펼쳐지는 무한한 가능성을 마음을 열고 받아들여라. 내가 좋아하고 내가 잘할 수 있는 일이 나에게 어울리는 일이다. 일단 하고 싶은 목록을 적어라. 그리고 내가 잘할 수 있는 능력이나 강점도 적어라. 그리고 두 개를 대입시키면서 진정 좋아하면서 하고 싶고 잘할 수 있는 일이 무엇인지 끊임없이 스스로에게 묻고 답해보라. 그러면 새롭고도 색다른 발견을 할 수 있을 것이다. 생각지도 못했던 나의 능력과 나의 강점을 찾을 수도 있고, 진정 하고 싶은 일을 발견해 가슴이 뛰고 설레며 흥분되는 경험을 할 수도 있을 것이다.

시간을 생산적으로 활용하라

✦ ✦ ✦ 앤디 앤드루스는 《폰더 씨의 위대한 하루》에서 이렇게 말한다.

"오늘 나는 행복한 사람이 될 것을 선택하겠다. 나는 감사하는 마음의 소유자이다. 감사하는 마음은 절망의 구름을 순식간에 없애버린다. 나는 남과 비교하지 않겠다. 나는 지금 이 순간 행복한 사람이다. 이런 감사하는 마음에는 절망의 씨앗이 들어설 자리는 없다. 하나님은 나에게 많은 선물을 주었다. 나는 이 선물을 늘 고마운 마음으로 기억하겠다. 나는 내 시력, 내 청력, 내 호흡 이 모든 것을 감사하게 받아들인다. 만약 내 인생에서 이것 이상의 축복이 찾아든다면 나는 그 풍성함의 기적에 깊은 감사를 드릴 것이다.”

내가 오늘 행복을 선택하고 내가 오늘 감사하는 마음을 선택하려면 어떻게 해야 할까? 물론 여러 가지 방법이 있겠지만 시간을 생산적으로 잘 활용하는 것도 좋은 방법이다. 시간은 우리에게 똑같이 주어진다. 누구에게나 하루는 평등하게 24시간이 주어진다. 누구에게나 공평하게 주어진 24시간을 어떻게 하면 생산적으로 활용할 수 있을까? 여기에 행복의 답이 있고 감사의 마음의 답이 있는 것이다.

모든 사람에게 공평하게 주어졌지만 그것을 사용하는 사람에 따라 천차만별로 다가올 수도 있다. 그리고 어찌 보면 가장 불공평할 수도 있다. 그것은 시간을 쓰는 사람이 선택하는 것이다. 시간을 얼마든지 내 것으로 조절할 수도 있고 시간에 끌려다닐 수도 있는 것이다. 시간의 소중함을 만끽하고 시간을 주도적으로 활용하는 사람이 되자. 그러면 시간이 지남에 따라서 그 차이가 현격하게 드러날 것이다.

시간을 생산적으로 활용하려면 어떻게 해야 할까? 중앙일보의 정진홍의 소프트파워에 실린 글을 읽으면서 만약 칼럼의 내용을 실제로 삶에 적용한다면 시간을 아주 생산적으로 쓸 수 있을 것 같은 확신이 들었다.

2012년 1월 7일자 중앙일보에 실린 정진홍의 소프트파워 중에서 진짜 자기 인생을 사는 비결이 적혀 있어 소개하겠다.

'안정된 직이 아니라 스스로를 벼랑 끝에 세워 자기 안의 손조차 대지 않았던 가능성들을 끌어올려 업으로 진검승부를 한다는 건 힘들지만 멋진 일이다. 물론 그 업을 찾는 과정이 쉽지는 않다. 경험하건대 업을 찾는 길에는 세 가지 단계가 있다.

첫 번째는 좋아하는 일을 발견하는 것이다. 머리로 내가 뭘 좋아하지 하고 생각만 하면 늘 제자리에 맴돈다. 자신이 뭘 좋아하는지 알려면 부딪쳐 봐야 하고 저질러 봐야 한다. 커피를 좋아하는 것은 취향이다. 하지만 커피가 좋아서 원두를 사러 다니고 그것에 미쳐서 들어가면 얘기가 달라진다. 미국 시애틀의 구멍가게 커피점 스타벅스를 글로벌 기업으로 키워낸 하워드 슐츠가 그렇게 하지 않았나.

업을 찾는 두 번째 단계는 자기가 발견한 좋아하는 일을 잘하는 것이다.

세 번째 단계가 중요하다. 그 차이를 지속하는 것이다. 차이의 지속이야말로 힘이요 파워다. 좋아하는 일을 발견하고 그것에서 차이를 발견하고 그 차이를 지속하는 과정 속에서 자기 자신만의 업은 숙성되고 성장한다. 그 업으로 진검승부를 펼치는 것이 진짜 자기 인생이다.'

여러분은 진짜 자기의 인생을 살고 있는가? 아니면 가짜 인생을 살고 있는가? 그리고 여러분이 좋아하는 업으로 진검승부하고 있는가?

심각하게 고민해볼 문제이다. 정진홍 교수가 주장한 것을 실제 삶에 적용한다면 자기가 좋아하고 미쳐서 하는 업으로 진검승부를 해야지만 행복을 맛볼 수 있고 일에 대한 성과도 좋다. 그것이 진짜 자기의 인생을 사는 비결이다.

필자는 누군가에게 열정적으로 내가 경험했던 노하우를 가르쳐주는 것을 좋아한다. 그래서 지금도 교육 사업을 하고 있다. 어떤 일이든 반드시 나름대로의 노하우가 존재하며 그런 노하우를 배우고 싶어 하는 사람들이 있다. 때문에 학원을 운영하고 교육 사업을 통해 노하우를 가르치는 일을 한다. 학교나 단체를 방문해서 가르쳐 주기도 한다. 구체적으로 좋아하는 주제로 강연을 통해 설명해주면 된다. 내가 느꼈던 즐거움에 대해서 자세히 알고 싶어 하는 사람들에게 즐거움을 주게 된다. 이것을 통해 나의 정열을 직접 다른 사람에게 전달할 수 있다.

자기가 좋아하는 일을 업으로 삼으면 성공하기 훨씬 쉬워진다. 여러분이 하루 중에 가장 많은 시간을 보내는 곳은 학교이다. 여러분은 지금 많은 시간을 보내고 있는 학교가 진정으로 신나고 즐거운가? 지금 내가 하고 있는 공부가 재미가 있고 신이 나야 몰입할 수가 있다. 내가 하고 있는 일이 재미가 없으면 100% 진정 몰입할 수 없다.

같은 일을 하는 사람 중에 자기가 하는 일이 너무 좋아서 흥분을 느끼며 몰입하는 사람과 좋아하지도 않으면서 단지 돈을 벌기 위해 하는 사람 중 어떤 사람이 행복할까? 당연히 전자일 것이다. 자신이 지금 하고 있는 일을 좋아하면 에너지와 열정을 쏟기에 행복과 만족감을 느낀다.

좋아하는 일이 아니라면 열정을 100%로 쏟을 수 있겠는가? 당연히 그렇지 않다. 열정적으로 일하는 사람에게는 당해낼 수 없다. 열정적으로 일을 해도 성공할지 못할지 장담을 못하는데 열정도 없는 일에 성과가 있겠는가?

좋아하는 일을 하면 에너지와 열정이 넘친다. 좋아하는 일을 하면서 자연히 얻는 기쁨보다 더 큰 기쁨은 없다. 좋아하는 일을 하면 어떤 시련도 이겨낼 수 있는 힘이 만들어진다. 어떤 어려움도 거뜬히 이겨 낼 수 있다.

지금 하고 있는 일을 좋아하고 사랑하는 것에서부터 시작하라. 그것이 성공과 행복한 인생으로 가는 지름길이다. 인생을 행복하게 보내려면 자신이 좋아하는 일을 해야 한다. 좋아서 미치는 일을 찾으면 다른 행복을 찾을 필요가 없다.

에센 바흐는 '시간을 지배할 줄 아는 사람은 인생을 지배할 줄 아는 사람이다' 라고 말했다. 인간이 창조하는 모든 것은 시간과 궤적을 같이 한다고 해도 맞는 말일 것이다. 따라서 시간만큼 소

중한 것도 없다. 세상에서 가장 소중한 보물이 무엇인가? 많은
훌륭한 사람들이 시간이라고 답할 것이다. 나도 전적으로 이 말
에 공감한다. 시간을 내 맘대로 요리할 수 있다면 우리는 우리가
원하는 것 이상의 위대한 작품을 만들어낼 수 있다.

　시간의 의미와 가치를 재인식해보자. 조금 더 시간의 소중함을
깨닫고 알차게 활용한다면 현재의 모습뿐만 아니라 미래의 모습
도 내가 원하는 상태로 변화시킬 수 있다. 앞으로 시간을 황금처
럼 소중하게 생각하자. 단 일 초라도 허비하는 일이 없도록 하자.
시간은 내가 마음먹기에 따라서 얼마든지 활용 가능한 것이다.
자투리 시간일지라도 목표의식이 명확하면 더욱 값지게 활용할
수 있는 방법이 생각날 것이다.

　끝으로 랄프 왈도 에머슨의 글을 소개한다.

　무엇이 성공인가
　　　　　　－ 랄프 왈도 에머슨 －

　자주 그리고 많이 웃는 것.
　현명한 이에게 존경을 받고
　아이들에게 사랑을 받는 것.
　정직한 비평가의 찬사를 듣고

친구의 배반을 참아내는 것.
아름다움을 식별할 줄 알며
다른 사람에게서 최선의 것을 발견하는 것.
건강한 아이를 낳든
한 뙈기의 정원을 가꾸든
사회 환경을 개선하든
자기가 태어나기 전보다
세상을 조금이라도 살기 좋은 곳으로
만들어 놓고 떠나는 것.
자신이 한 때 이곳에 살았음으로 해서
단 한 사람의 인생이라도 행복해지는 것.
이것이 진정한 성공이다.

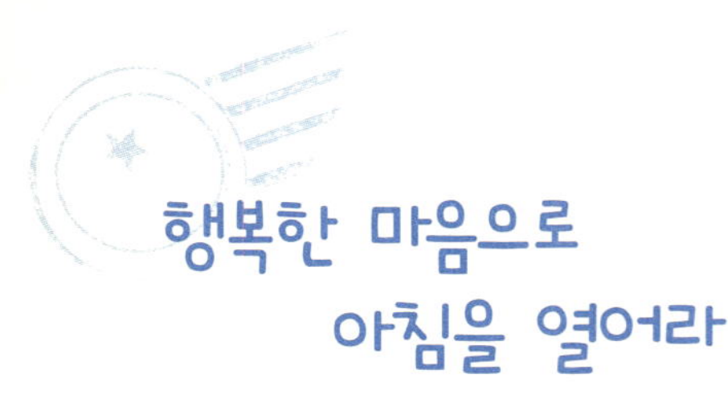

행복한 마음으로
아침을 열어라

★★★ 세계적으로 유명한 동기부여가이자 저술가인 앤서니 라빈스는 이야기한다. 하루의 시작은 아침에 달려 있다고. 아침을 제대로 행복하게 시작하려면 어떻게 하면 좋을까? 그의 비법을 한 번 들어보자.

그는 매일 아침 질문을 했다고 한다.

"내가 정말로 감사하게 생각하는 것은 무엇인가? 나를 설레고 흥분되게 하는 것은 무엇인가? 나는 무엇을 원하고 무엇을 잘하는가? 내가 공헌하고 싶은 분야는 무엇인가? 나를 행복하게 하는 것은 무엇인가?"

매일 아침 자기 자신에게 묻고 답하는 과정에서 열정과 에너지가 살아나고 긍정적인 마음으로 전환되어 행복한 마음으로 아침을 열 수 있었다고 한다.

즐거운 아침이 즐거운 하루를 창조할 수 있다고 생각한 것이다. 아침에 출근하기 전에 거울을 한 번쯤이라도 보지 않는 사람은 없다. 거울을 보면서 여러분은 어떤 생각을 하는가? 이런 저런 고민이나 고루한 생각을 하지 말고 활짝 미소 지어 보는 것은 어떨까? 거울을 보면서 활짝 미소를 짓고 밝은 표정을 지어 보는 연습을 하다 보면 나도 모르게 행복한 마음으로 하루를 시작할 수 있다.

아사다 지로의 소설《파리로 가다》에 보면 이런 말이 나온다.

"행복해지는 비결은 단 한 가지, 나는 행복하다고 믿는 것. 자신을 불행하다고 생각하는 한 행복은 영원히 찾아오지 않아요. 행복과 불행은 신이 조성하는 게 아니에요. 인간이 선택하는 것도 아니죠. 저마다 자기 스스로 나는 행복하다, 나는 불행하다고 결정하는 것뿐이에요."

오늘 아침 여러분은 어떤 선택을 할 것인가? 선택은 자기 자신에게 달려 있다. 그 선택이 오늘 하루 당신의 행복지수를 결정할 것이다.

"나는 행복하다. 나는 행복한 사람이다. 나는 행복할 자격이 있다. 나는 오늘 행복한 하루를 보내겠다."

그런 의미에서 윌리엄 블레이크의 이야기는 우리에게 많은 시사점을 던지고 있다. 행복도 노력이 필요하다는 말이 가슴에 와 닿는다.

"대개 행복하게 지내는 사람은 노력가이다.

게으름뱅이가 행복하게 사는 것을 보았는가!

노력의 결과로서 오는 어떤 성과의 기쁨 없이는

누구도 참된 행복을 누릴 수 없기 때문이다.

수확의 기쁨은 그 흘린 땀에 정비례하는 것이다."

우리가 분주하게 쉼 없이 뛰는 이유는 무엇인가? 원하는 것을 이루기 위함이다. 누구나 성공을 갈망하는 것이다. 왜 우리는 성공하길 원하는가? 성공의 근원적인 내면에는 행복이 자리 잡고 있는 것이다. 우리가 성공을 이루고자 하는 것은 행복한 삶을 영위하기 위해서이다. 물론 성공의 기준은 다를 수 있다. 가치를 어디에 두느냐에 따라서 조금씩 차이가 있을 수도 있다. 그러나 행복이 물질과 정비례하는 것은 아닐 것이다. 행복은 우리가 생각하기에 달려 있다.

생텍쥐페리의 어린 왕자는 이렇게 말했다.

"아저씨가 사는 별의 사람들은 오천 송이의 장미를 정원에 재배하고 있지요. 그렇지만 사람들은 자신들이 찾는 것을 거기에서 발견하지는 못해요. 그들이 찾고 있는 것은 장미 한 송이나 물 한 모금에서 찾을 수 있을 거예요. 그리고 눈으로 찾기보다 마음으로 찾으세요.”

우리는 멀리서 행복을 찾으려고 한다. 내 주위에 정말로 가까이 있음에도 인식을 못하는 것이다. 어린 왕자가 조언했듯이 너무 눈으로만, 즉 외관상으로만 찾으려고 하니 찾지 못할 수도 있다. 조금 더 마음을 활짝 열고 주위를 둘러보면 우리는 깜짝 놀랄 것이다. 내가 찾고 있는 행복이 너무 많아서 매일매일 설레고 흥분된 연속이 될 것이다.

행복은 결코 멀리 있는 것이 아니라 자신과 가장 가까이, 즉 생활 속에 숨어있다. 앞으로 행복을 찾아가는 여행을 지속하라.

키케로는 말했다.

“행복하게 산다는 것은 마음의 평온함을 뜻한다.”

키케로가 이야기했듯이 오늘부터 마음의 평온함을 찾도록 하자. 마음의 평화가 오는 다양한 경험을 하도록 하자. 그러면서 아침을 마음의 평화를 인식하는 시간으로 만들자. 아침 시간을 마음의 평온함을 느끼고 시작하면 하루가 행복하지 않겠는가?

빅토르 위고는 말했다.

“인생에 있어서 최고의 행복은 우리가 사랑 받고 있다는 확신이다.”

가까이 있는 사람들을 사랑하자. 가족과 친구들을 사랑하자. 내가 사랑하면 할수록 나를 사랑하는 사람들도 그만큼 사랑할 것이다. 내가 사랑하는 정도는 진정성에 달려있다. 빅토르 위고의 말이 가슴속에 아주 깊게 파고든다. 인생에 있어서 최고의 행복이 사랑 받고 있다는 확신이라고 했는데 나를 진정으로 사랑하고 있는 사람은 몇 명이나 있을까?

식물이 잘 자라려면 물과 햇빛 그리고 공기, 수분 등이 조절하게 있어야 한다. 사람의 행복도 마찬가지다. 우리에게도 조절한 자양분이 있어야 행복지수가 높아진다. 우리는 타인을 배려하고 관심을 갖는 데는 익숙하지만 정작 자기 자신에게는 소홀히 하는 경향이 있다. 이 세상에서 가장 사랑해야 할 대상은 바로 자기 자신이다. 나를 진정으로 사랑하는 연습을 하자. 나에게 칭찬을 해주고 인정을 해주고 선물을 주도록 하자. 나 자신을 인정하고 사랑하는 것이 익숙해질수록 다른 사람도 더 사랑해줄 수 있다.

세일즈맨에서 시작해 대기업 CEO로 많은 젊은이들의 존경을 받고 있는 웅진그룹의 윤석금 회장의 《아침을 행복하게 여는 습관》을 한 번 따라 해보면 어떨까?

웅진그룹 윤석금 회장은 매일 아침마다 이런 주문을 외운다고 한다.

"나는 나의 능력을 믿으며

어떠한 어려움이나 고난도 이겨낼 수 있고

항상 자랑스러운 나를 만들 것이며

항상 배우는 사람으로 더 큰 사람이 될 것이다.

나는 늘 시작하는 사람으로 새롭게 일할 것이며

나는 끈기 있는 사람으로 어떤 일도 포기하지 않고

끝까지 성공시킬 것이다.

나는 항상 의욕이 넘치는 사람으로

나의 행동과 언어 그리고 표정을 밝게 할 것이다.

나는 긍정적인 사람으로 마음이 병들지 않도록 할 것이며

남을 미워하거나 시기 질투하지 않을 것이다.

내 나이가 몇 살이든 스무 살의 젊음을 유지할 것이며

나는 세상에 태어나 한 가지 분야에서 전문가가 되어

나라에 보탬이 될 것이다.

나는 다른 사람의 입장에서 생각하고

나를 아는 모든 사람들을 사랑할 것이다.

나는 정신과 육체를 깨끗이 할 것이며

나의 잘못을 항상 고치는 사람이 될 것이다.

나의 신조를 매일 반복하여 실천할 것이다."

자신을 아낌없이 사랑하라

성공학의 거장 데일 카네기는 말했다.

"자기를 사랑하는 법을 배우기 위해서는 자기의 결점에 대한 관용을 기르지 않으면 안 된다. 그렇다고 자기 인생의 기준을 낮춘다든가, 최선의 노력을 게을리 해도 좋다는 말은 아니다. 단지, 우리들 자신을 포함하여 누구든 100% 훌륭할 수는 없다는 점을 이해하는 것이다. 물론 타인에게도 100%의 인격을 기대하지 말아야 한다. 또한, 자기에게 그것을 기대하는 것도 매우 부당한 일이다."

세상에서 가장 값진 보물은 나 자신이다. 성공적인 인생을 살기 위해서는 나 자신을 사랑하는 것이 우선이다. 내가 나를 존중하고 사랑할 때 타인들도 나를 존중하고 사랑으로 대할 것이다. 내가 나를 값진 보물로 인식하기 위해서는 내가 이 세상에서 가장 귀한 존재라는 것을 깨달아야 한다. 내가 나를 존중하고 사랑하는 데 있어서 꼭 필요한 전제조건이 나에 대한 관용이다. 사람은 완벽할 수 없다. 내가 나에게 관용을 베풀 수 있어야 여유로움을 가질 수도 있고 나 자신을 용서할 수도 있다. 즉 관용은 용서라기보다 나 자신을 진정으로 이해하고 사랑하는 넉넉한 마음이 있어야 가능한 것이다. 카네기가 우리에게 전하는 메시지의 핵심도 아마 관용의 미덕을 강조하는 것일 게다.

나를 사랑하고 남을 사랑하는 일 모두 소중하다. 그러나 그 사랑 안에 나에게나 타인에게 관용을 베풀고 인정하고 배려하는 훈훈한 마음이 담겨 있어야 한다. 진정한 사랑은 모든 것을 인정하고 지지하고 수용하는 시골 엄마가 지닌 포근함이 있다. 오늘 머리를 들어 마음이 따뜻해지는 아주 정겨운 한 편의 시에 몸을 맡겨보자.

살아가는 길

- 조윤현 -

삶이 아슬아슬하다지만
걱정 없는 풍족한 날 없구나.

열심히 숨 가쁘게 살아가고
무엇을 찾아 한숨을 토한다.

하찮은 삶도 아닌 나는 나인데
특별한 나를 나는 또 찾고 있다.

내일을 알 수 없는 삶을
행복하게 살아가야 하는지
생각하면 막막하기만 하다.

그러나
나를 발견하고
나의 길을 찾으면
인생은 아주 멋진
환희의 파노라마
행복과 기쁨도 모두
나를 찾아올 것이다.

조윤현 시인은 자신있게 이야기한다. 나를 발견하고 나의 길을 찾으면 인생은 아주 멋진 파노라마라고. 앞으로 나의 멋진 파노라마를 위해서 나를 발견하는 작업을 게을리 하지 말자. 그러기 위해서 내가 중요한 것이다.

나 자신을 아낌없이 사랑하자. 나 자신을 진정으로 사랑하기 위해서는 내가 가지고 있는 한계를 벗어나는 것도 중요하다. 그런 의미에서 나 자신을 사랑하고 나의 한계를 벗어나게 하는 가장 좋은 방법 중 하나가 독서라고 생각한다. 그러면 이런 단상을 표현한 필자의 저서 《책향기 사람향기》 속으로 한 번 들어가 보자.

"내가 한계라고 정하고 있는 나만의 틀, 즉 나만의 고정관념 속에서 갇혀 있는 것을 벗어나도록 하는 동인이 되는 것은 아마도 독서의 가장 강력한 힘 중의 하나이리라. 이것은 프랭크 베트거의 사례에서 알 수 있지 않는가. 그에게 있어서 조지 매튜 아담스의 글은 하루하루 일과 삶의 활력소가 된 것이다. 자신감의 원동력이 된 것이다. 오늘 나는 나의 자신감의 원동력을 어디에서 찾고 있는가? 나를 이끌어주고 나에게 영감을 주고 나에게 자신감의 원동력이 되는 그 무엇이 있는가?

나만의 안전지대는 무엇일까? 너무 익숙해져 버린 나의 고정관념을 깨는 비책은 무엇일까? 남 앞에 서는 것이 너무도 낯설게 느껴지는 것은 무슨 이유일까? 내가 지레 겁먹는 것은 아닐까?

내가 미리 심호흡도 하고 미리 철저히 준비한다면 두려울 것이 무엇이 있겠는가! 내가 해당분야의 최고이고 전문가라고 믿고 행동한다면 누가 나에게 삿대질을 할 것인가. 그냥 묵묵히 자신감 있게 유연하게 진행하고 풀어나가면 되지 않을까.

　무엇이 문제인가? 가장 핵심 문제는 무엇인가? 지금 그 문제를 해결하기 위해서는 나는 무엇을 해야 하는가? 지금 당장 행동으로 실천할 것은 무엇인가? 자신감을 가지는 것이 가장 중요하지 않을까? 나는 멋지게 해낼 수 있다는 자신감 말이다. 프로는 과연 어떤 자질을 갖추고 있을까? 자신감을 가지고 어떤 한 분야의 전문지식과 더불어 그 지식을 불특정 다수인에게 유연하고 재미있게 이야기할 수 있고 동기를 부여할 수 있는 능력을 갖추고 있지 않을까?"

　매일 나 자신을 아낌없이 사랑하는 연습을 하자. 내가 좋아하는 말을 반복해보자. 아침에도, 점심에도, 오후에도, 저녁에도 한 번 내가 좋아하는 문구를 통해서 나 자신을 인정해주고 사랑해주는 연습을 하도록 하자.